数字经济对体育产业高质量发展的影响研究

严永军 著

东南大学出版社
·南京·

内容简介

数字经济改变了国民经济的生产、消费和分配方式,提供了更加高效的经济运行模式。进入新时代以来,我国提出了一系列政策来促进体育产业高质量发展。本书基于以上研究背景,介绍了中国体育产业发展的典型事实和特征,阐述了数字经济影响体育产业高质量发展的理论机制,并运用中国31个省份的数据进行了实证分析,对春风动力和疯狂体育两个企业进行了案例研究,最后结合理论和实证分析的结论,提出了数字经济推动体育产业高质量发展的政策建议。

图书在版编目(CIP)数据

数字经济对体育产业高质量发展的影响研究 / 严永军著. — 南京:东南大学出版社,2025.3. — ISBN 978-7-5766-2200-3

Ⅰ. G812

中国国家版本馆 CIP 数据核字 20251LC642 号

责任编辑:姜晓乐　　责任校对:韩小亮　　封面设计:毕　真　　责任印制:周荣虎

数字经济对体育产业高质量发展的影响研究
Shuzi Jingji Dui Tiyu Chanye Gaozhiliang Fazhan De Yingxiang Yanjiu

著　　者	严永军
出版发行	东南大学出版社
出 版 人	白云飞
社　　址	南京四牌楼2号　邮编:210096
网　　址	http://www.seupress.com
经　　销	全国各地新华书店
印　　刷	广东虎彩云印刷有限公司
开　　本	700 mm×1 000 mm　1/16
印　　张	10.5
字　　数	172千字
版　　次	2025年3月第1版
印　　次	2025年3月第1次印刷
书　　号	ISBN 978-7-5766-2200-3
定　　价	49.00元

* 本社图书若有印装质量问题,请直接与营销部调换。电话(传真):025-83791830。

本书的出版得到：江苏高校现代服务业协同创新中心、

江苏高校人文社会科学校外研究基地——江苏现代服务业研究院、

江苏省重点培育智库——现代服务业智库的资助。

PREFACE 前言

数字经济对体育产业高质量发展的影响研究

　　数字经济改变了国民经济的生产、消费和分配方式，提供了更加高效的经济运行模式。进入新时代以来，我国提出了一系列政策来促进体育产业发展，2019年国务院出台的《体育强国建设纲要》首次从国家层面提出，到2035年，体育产业将成为国民经济支柱性产业，提出了"加快推动互联网、大数据、人工智能与体育实体经济深度融合"的战略任务，这为体育产业高质量发展提供了难得的契机。

　　本书基于以上研究背景，主要分为七个章节来阐述数字经济对体育产业高质量发展的影响。第一章绪论，主要分为课题的研究背景、研究意义、研究方法和创新之处四个部分。第二章文献综述，主要分为高质量发展的内涵和核心，经济高质量发展的相关研究，体育产业高质量发展的相关研究，数字经济与体育产业高质量发展研究四个部分。第三章中国数字经济与体育产业高质量发展现实解构与特征分析，主要分为中国数字经济的现状，中国体育产业发展的演进、现实与特征。第四章数字经济影响体育产业高质量发展的机制分析，主要分为相关理论基础，数字经济影响体育产业高质量发展的直接影响机制和间接效应。第五章数字经济影响中国体育产业高质量发展的实证分析，主要包括数字经济的测度与评价，体育产业高质量发展的指标体系构建，以及数字经济影响体育产业高质量发展的实证分析。第六章数字经济赋能中国体育企业高质量发展的案例分析，通过实地调研和资料搜集，分析中国体育数字化赋能较好的两个典型企业：春风动力和疯狂体育，并得出了相应的启示。第七章数字经济视角下推动体育产业高质量发展的对策建议,主要包括体育产业高质量发展的具体路径,推动体育产业高质量发展的对策建议。

通过理论和经验分析,本书的基本结论如下:一是数字经济是推动体育产业高质量发展的主要影响因素,在经济发展由高速增长阶段向高质量发展阶段转变的过程中,推动数字技术与体育民生的融合发展,提高体育民生的数字化、智能化、科技化水平,有助于赋能体育产业的高质量发展。二是数字经济对体育产业高质量发展具有正向的显著性影响,在考虑到控制变量的情况下,数字经济发展每提高1%,体育产业高质量发展水平提升0.211%,通过剔除特征值和更换变量后的稳健性检验后,上述结果仍然成立。三是在区域异质性上,东部地区的数字经济更能显著促进体育产业发展,中部地区次之,西部地区的效应不明显;在开放程度上,通过中位数区分的开放度显示,开放度大的地区更能发挥数字经济的赋能作用。四是在影响机制上,数字经济的发展会使得技术创新水平提升,从而促进体育产业的高质量发展,即技术创新起到了中介机制的作用;而区域市场化水平的高低,也可以正向调节数字经济对体育产业发展的影响,即市场化水平好的地区,可以强化数字经济推动体育产业高质量发展的作用。

具体的对策建议有:深化体育产业融合,催生体育产业新业态;促进数字经济与实体经济融合,加快体育产业数字化进程;完善体育市场监管体系,营造良好发展环境;提高产业链韧性,系统推进体育产业现代化建设;重视高素质人才培养,强化体育产业人才支撑。

本书在编写过程中,借鉴和参考了国内外许多专家学者的最新研究成果,汲取了许多有关数字经济和体育产业的观点,在此一并表示感谢。由于作者水平有限,本书难免有不妥之处,恳请广大读者批评指正。

作者

2024年10月

目录 CONTENTS

第一章　绪论 ... 1

  1.1　研究背景 ... 1

    1.1.1　推动体育产业高质量发展是全面建设社会
主义现代化的必然要求 ... 1

    1.1.2　体育产业高质量发展面临的困境 ... 3

  1.2　研究意义 ... 5

    1.2.1　国家层面:促进经济增长 ... 5

    1.2.2　社会层面:缓解就业压力 ... 6

    1.2.3　产业层面:带动相关产业发展 ... 6

    1.2.4　国际层面:巩固大国外交 ... 6

    1.2.5　个人层面:满足个人对健康的追求 ... 7

  1.3　研究方法 ... 7

  1.4　创新之处 ... 8

第二章　文献综述 ... 9

  2.1　高质量发展的基本内涵和核心 ... 9

    2.1.1　高质量发展的基本内涵 ... 9

    2.1.2　高质量发展的核心 ... 10

- 2.2 经济高质量发展的相关研究 … 12
  - 2.2.1 经济高质量发展的内涵 … 12
  - 2.2.2 经济高质量发展的测度研究 … 13
  - 2.2.3 中国经济高质量发展的影响因素 … 15
- 2.3 体育产业高质量发展的相关研究 … 16
  - 2.3.1 体育产业高质量发展的内涵 … 16
  - 2.3.2 影响体育产业高质量发展的相关研究 … 16
  - 2.3.3 体育产业高质量发展的对策研究 … 17
- 2.4 数字经济与体育产业高质量发展研究 … 18
  - 2.4.1 数字经济的内涵 … 18
  - 2.4.2 数字经济的特征 … 18
  - 2.4.3 数字经济的测度 … 19
  - 2.4.4 数字经济与体育产业高质量发展的相关研究 … 19
- 2.5 文献评述 … 21

第三章 中国数字经济与体育产业高质量发展现实解构与特征分析 … 23

- 3.1 中国数字经济发展的现状 … 23
  - 3.1.1 数字经济发展的现状分析 … 23
  - 3.1.2 中国数字经济发展的特征 … 31
  - 3.1.3 中国数字经济发展趋势 … 33
- 3.2 中国体育产业发展的演进、现实和特征 … 34
  - 3.2.1 中国体育产业的发展 … 34
  - 3.2.2 中国体育产业的现实解构 … 38
  - 3.2.3 我国体育产业的特征 … 43
  - 3.2.4 体育产业高质量发展面临的问题 … 45

第四章 数字经济影响体育产业高质量发展的机制分析 … 47

- 4.1 相关理论基础 … 47
  - 4.1.1 技术创新理论 … 47

4.1.2　产业融合理论　48
　　　4.1.3　创新驱动理论　48
　　　4.1.4　区域均衡发展理论　49
　　　4.1.5　内生经济增长理论　50
　4.2　数字经济对体育产业高质量发展的直接影响机制　50
　　　4.2.1　规模效应　50
　　　4.2.2　成本降低效应　51
　　　4.2.3　平台经济效应　51
　　　4.2.4　效率提升效应　51
　4.3　数字经济影响体育产业高质量发展的间接效应　52
　　　4.3.1　技术创新的中介效应　52
　　　4.3.2　市场化水平的调节效应　53

第五章　数字经济影响体育产业高质量发展的实证分析　54

　5.1　数字经济发展的测度与评价　54
　　　5.1.1　指标体系的构建　54
　　　5.1.2　测度方法　55
　　　5.1.3　指标体系的测度和评价　56
　5.2　体育产业高质量发展指标体系的构建和测度　62
　　　5.2.1　构建原则　62
　　　5.2.2　构建方法和测度　63
　5.3　数字经济影响体育产业高质量发展的实证分析　69
　　　5.3.1　模型设立和指标选取　69
　　　5.3.2　基准回归　70
　　　5.3.3　稳健性检验　71
　　　5.3.4　异质性分析　72
　5.4　进一步分析：机制检验　73
　　　5.4.1　技术创新的中介效应　73
　　　5.4.2　市场化水平的调节效应　74
　5.5　结论　75

第六章　数字经济赋能中国体育企业高质量发展的案例分析　77

6.1　数字经济赋能体育企业——以春风动力为例　77
6.1.1　春风动力开展数字化建设的典型事实　77
6.1.2　春风动力开展数字化赋能的有利条件和特征分析　81
6.1.3　数字经济影响春风动力的机制分析　87
6.1.4　数字经济赋能春风动力的经验总结与启示　92

6.2　数字经济赋能体育企业——以疯狂体育为例　94
6.2.1　疯狂体育开展数字化建设的典型事实　95
6.2.2　疯狂体育开展数字化赋能的内外部环境分析　97
6.2.3　数字经济影响疯狂体育的机制分析　104
6.2.4　疯狂体育开展数字化的经验总结　106

第七章　数字经济视角下推动体育产业高质量发展的对策建议　111

7.1　体育产业高质量发展的具体路径　111
7.1.1　质量变革提升高质量发展成色　111
7.1.2　效率变革增强高质量发展活力　114
7.1.3　动力变革点燃高质量发展引擎　115
7.1.4　理念变革奠定高质量发展基石　117

7.2　推动体育产业高质量发展的对策建议　118
7.2.1　深化体育产业融合，催生体育产业新业态　119
7.2.2　促进数字经济与实体经济融合，加快体育产业数字化进程　120
7.2.3　完善体育市场监管体系，营造良好发展环境　121
7.2.4　提高产业链韧性，系统推进体育产业现代化建设　122
7.2.5　重视高素质人才培养，强化体育产业人才支撑　124

参考文献　127

附　录　150

第一章 绪 论

体育产业作为经济发展的新增长点,满足人民美好生活需求的作用越来越明显,对社会发展具有巨大的经济价值,同时具有绿色环保的显著优势,是近年来国家发展的重点领域。在西方一些经济发达的国家,体育产业的发展已经有近百年的历史,凭借其不断的演进,体育产业已经成为国民经济的支柱产业和朝阳产业。

2019年国务院出台的《体育强国建设纲要》首次从国家层面提出,到2035年体育产业将成为国民经济支柱性产业。2018年5月28日习近平总书记在中国科学院第十九次院士大会、中国工程院第十四次院士大会上的讲话指出,要"推进互联网、大数据、人工智能同实体经济深度融合"。党的二十大报告做出了"加快发展数字经济,促进数字经济和实体经济深度融合"的战略部署。从2012年到2022年,中国数字经济规模从11万亿元增长到50.2万亿元,10年间规模扩张了3.5倍,2012—2022年中国体育产业增加值平均增长率为15.4%,高于GDP的增速,体现了数字经济与体育产业的发展具有同步性。在经济发展由高速增长阶段向高质量发展阶段转变的过程中,体育产业高质量发展也必将体现数字经济的时代特征,推动数字要素赋能体育产业发展,提高体育产业的数智水平,对我国聚力发展体育产业具有重要的现实意义。

1.1 研究背景

1.1.1 推动体育产业高质量发展是全面建设社会主义现代化的必然要求

高质量发展是全面建设社会主义现代化国家的首要任务。新时代的发展不再追求增速或是数量,而是将效益与质量作为首要目标。其基本要求是资源配置效率高、生产要素投入少、社会经济效益高。体育产业高质量发展的内涵可以从以下几个方面进行表述：一是经济层面，体育产业高质量发展强调的是经济增长的全面性和经济发展的完整性。二是产业投入与产出层面，没有"创新"因素，体育产业的高质量发展就无法实现。"创新"因素对于最大化产业或产品的附加值，刺激体育产业的可持续发展至关重要。三是发展模式层面，"开放"是体育产业高质量发展的现实途径。体育产业的发展目标可以从供给结构、生产效率以及价值创造三个方面阐述，具体如下：

1. 供给结构高级化是体育产业高质量发展的重要表征

供给结构的优化能够提升自身供给与消费需求之间的适配性。从产品结构来看，体育产业应当不断创新，提供更加高质量的产品或服务，从而满足消费者的多样化需求。

在产业结构方面，体育产业是一个集制造业、服务业、销售业为一体的综合性产业，根据《体育产业统计标准（2019）》，可以将体育产业分为 11 个大类。经核算，2021 年全国体育产业总规模（总产出）为 31 175 亿元，增加值为 12 245 亿元。与上年相比，体育产业实现较快增长，从内部构成来看，体育服务业占总产出的比值为 53.2%，体育制造业占比 43.5%，整体趋势向好。党的十九大报告把"建设现代产业体系"作为高质量发展的重要任务，也就是说，体育产业的高质量发展就是加快建成现代体育产业体系，从整体推进现代体育服务业与体育制造业的融合，并进一步提高体育服务业占比。

2. 生产效率最佳化是体育产业高质量发展的主线

产业效率的高低是产业竞争力强弱的外在体现。体育产业要想实现高质量发展，就必须将提升产业效率放在主体位置。生产效率包括要素效率与组织效率两方面，其高低决定了经济增长的质量。从要素效率来看，要素投入是产业增长的动力源泉，企业应当注重基础要素配置，引入科技要素，重视技术进步，投入既定的劳动、资本等生产要素来获得更高的产出。就体育服务业而言，企业应重视人才培养与教育，提高消费者满意度。另外，组织效率同样是体育产业高质量发展的重要组成部分，并且组织效率相较于要素效率更加具有可控性。因此企业可以强化自身管理，提高服务人员素质，加强与服务人才的交流与合作，从而提升企业自身的生产效率。

3. 价值最大化是体育产业高质量发展的动力

生产活动的创造性重点在于提高产品或服务的附加值。企业想要获得盈利,关键是要创造价值,这种价值由消费者支付意愿与供应商机会成本之间所存在的差距决定。体育用品是一个具有高附加值的行业,通常自身具有一定的品牌效应,并且能够衍生出潜力巨大的粉丝经济,因此常有企业邀请明星运动员为自己的产品代言。体育产业想要高质量发展,企业就需要不断创新、改进、优化产品外观、结构以及功能,加快产品升级换代,丰富产品种类,提升服务质量与产品的独特性。

1.1.2 体育产业高质量发展面临的困境

1. 区域发展不平衡

在我国对体育产业发展愈发重视的背景下,众多体育产业项目已经取得了较为丰硕的成果,一些城市或地区的体育产业市场经济效益也得到了提升。我国先后颁布了中部崛起战略以及西部大开发战略来补齐区域发展劣势,虽然对中西部地区体育产业发展起到了一定的促进作用,但是相比于东部地区的发展,这些偏远地区因为本身存在的区位劣势性和经济滞后性问题,产业发展仍然落后很多。并且从社会效益来说,体育产业先富起来的城市并没有带动后富的意识。根据国家体育总局数据显示:2021年体育产业总规模,江苏省为5652.78亿元,上海市为1737.8亿元,河南省为1448.79亿元,贵州省为301.93亿元,云南省为148.32亿元。通过数据不难看出,我国东、中、西部地区体育产业总规模存在较大的差异。

由于我国体育产业发展起步相对较晚,发展相对较慢,并且缺乏宏观上的空间规划体系和发展政策,所以体育产业没有开拓出适合自身实际且有特色的发展模式,阻碍了产业集聚优势的发挥。我国目前仍处于并将长期处于社会主义初级阶段,城市与乡村之间仍然存在较大的贫富差距,但根据我国国情,我国农村人口基数大,城镇人口相对较少。例如我国体育健身方面的运动场馆大多数建立在相对发达的地区,而生活在乡镇地区的居民,几乎享受不到完备的运动设施,也接触不到专门的运动场所。除此之外,根据《2015—2020年我国体育产业市场分析报告》中给出的数据,我国体育用品制造业产品生产主要分布在江浙沪等东部地区,占规模总数的90%以上;产品供给,如李宁、安踏等知名运动品牌,也主要集中于浙江、江苏、广东等地开展销售。由此可见,中西部地区体育市场的供给与开发都严重不足,区域之间发展差异大。

2. 生产供给欠缺

对于要素的供给来说,体育产业涉及的生产要素包括劳动力、资本要素、技术三个方面。

首先,体育产业高质量发展离不开人才的支撑,随着国内体育产业规模不断扩张,产业人才需求大幅度提高,真正隶属于体育产业领域的专业人才却十分匮乏,人才供给和产业需求之间存在着矛盾与冲突,非常不利于产业升级转型。我国体育产业尤其缺乏专业经营管理的人才,很多企业一味地追求经济效益,忽视了对管理层的培养。从人才培养的角度来看,体育专业人才培养条件高、培养周期长,产业发展迅速、人才供应缓慢,虽然我国高等院校加快了人才培养的速度,但是培养体系和产业发展耦合度低下,使得人才培养效率不高,同时与体育产业岗位需求不匹配。这些问题已经引起了各方的重视,并已着手解决,譬如,建设体育产业人才队伍需要丰富的人才培育机制以及完善的政策体系,若能为高质量的体育人才提供医疗、落户、住房等方面的保障支撑,客观上就可以吸引人才集聚,因此人才的培养不仅需要企业的重视,还需要政府的支持。

其次,技术积累较为缓慢,企业创新动力不足。在新发展理念中,创新是产业发展的第一源动力,能够增强体育产业与科技的耦合度,使得体育产业结构更加合理。但是,目前体育产业与科技的有机融合推进较慢,众多企业在研发过程中并没有增加太多的研发投入,尚未能应用行之有效的创新模式。在体育用品制造业的发展中,产业若想转型升级,企业必须革新现行商业模式。因此,现阶段我们迫切需要思考和解决如何有效推动体育产业的变革,出台符合体育产业发展特征的有效管理政策。

最后,资本要素供给不足,体育产业所采取的盈利模式,还未达到成熟的状态,且存在着显著的额外溢出效应,银行等机构保障机制尚未完善。体育产业缺乏资本投资,产业资本形成不足,使得体育产业生产效率下降。就体育企业而言,投资最终应指向人力资源结构调整和产品开发,因此既要提高企业的运营能力,又要增加管理投入,不断开发出更符合市场需求的产品,才能提高企业的竞争力。针对财政资本无法满足国家体育产业高质量发展的要求,体育企业需要不断拓展融资渠道,利用内部和外部融资渠道相结合,吸引社会资本,加大对企业资本的整合力度,优化自身的资源配置方式,有效配置产品研发资金,通过塑造企业的技术竞争力和核心产品交付能力,提升企业人力资本,实现企业效益。

3. 群众体育发展滞后

大众体育消费激发不足,无法形成良好的体育产业社会效益。在居民消费结构中,体育消费占比偏低,很多人没有体育消费的意识,体育宣传缺乏一个有效的渠道。对部分群众来说,体育活动略为奢侈,就健身房而言,有些人面对昂贵的年卡望而止步,使得其对健身的热情受到影响;有些人忙于工作,不舍将宝贵的时间用于健身。除此之外,体育活动对参与人群的身体机能有一定要求,因此老年人口的增加会制约体育消费的快速扩张。我国早在 2000 年就已经步入人口老龄化社会。2022 年,全国 65 岁以上人口首次超过 2.09 亿人,占比达 14.9%,我国进入中度老龄化阶段。并且由于居民可支配收入偏低,居民边际消费倾向偏低,我国体育消费一直较为滞后,人均体育消费水平远低于世界平均水平。需求不足的问题是制约体育产业发展的深层障碍。

4. 产品供给质量不佳

我国体育产业服务水平较低,服务供给总体水平不高,导致无法满足大众对体育产品的差异化需求,而国外体育用品制造品牌,如阿迪达斯、耐克等占据着我国体育市场较大份额。我国出台了很多政策促进体育产业发展,但很少有政策来完善体育基础设施建设,所以现阶段我国有半数以上城市缺乏完善的体育健身设施,城市中公园里现有的锻炼设备数量并不能满足居民的需求。与一些发达国家的企业相比,我国体育企业还存在运营经验不足等问题。一批总体实力雄厚、结构搭配合理的企业是体育产业高质量发展的基础支撑,我国缺乏具备发展潜力的大型龙头企业来带领中小型企业进行分工合作,因此产业资源的分配效率受到严重限制。体育产业具有高渗透性的特点,企业应充分考虑怎样在资源分配过程中实现最优配置,提高生产效率,进而解决体育产品供给的问题。

1.2 研究意义

1.2.1 国家层面:促进经济增长

体育产业具有庞大的发展潜力,其本身就是一条非常完善的产业链:产业上游为体育资源生产,主要有举办国内职业联赛、大众体育赛事以及参与国外核心赛事,通过举办这些活动,可以获得企业赞助、联赛分红、广告赞助等收入。产业中游为体育产业运营和体育产业传播,可以通过售卖票务、出售版权等方式获利。产业下游可以分为传统变现渠道和新兴变现渠道,具体包括体育彩票、体育旅游、健身培训等。体育产业自身所具备的发展潜力以及带动相关产业发展的能力,都可以从不同的层面为国民经济的增长作出贡献。据统计,当前世界体育产业的年产值已经超过 6 000 亿美元,占全球平均水平的 2.1%,一些发达国家的体育产业占到了国民生产总值的 5% 以上,达到 4% 占比的标准可称之为支柱型产业。我国 2020 年体育产业市场规模达 25 750 亿元,占国民经济总规模的 2.53%,相对来说,比重较低,但从我国产业的市场规模及增长率来看,我国体育产业的增长态势远高于同期 GDP 增速,且始终维持在 10% 以上。体育产业以其自身的方式证明,无论社会和经济发展处于繁荣还是衰退,它都能为国民经济增长创造新的增长点助力。

1.2.2 社会层面:缓解就业压力

首先,体育产业的主体产业为服务业,可以提供更多的就业机会,在缓解社会就业压力、促进社会经济持续健康发展方面有积极作用。其次,体育产业朝着多元化方向发展,可以提供更广泛的就业机会,为不同背景和技能的劳动者提供更多的就业选择。最后,数字经济发展推动了企业数字化转型,也为体育产业提供了新的发展机遇,如体育数据分析、智能健身等领域将成为新的就业热点。

1.2.3 产业层面:带动相关产业发展

体育产业是一种新兴的朝阳产业,有着高渗透性的特点,并且体育产业与其他产业之间存在着非常强烈的关联性,可以带动其他相关产业的发展。体育产业不仅可以直接地推动体育运动用品行业、建筑行业以及体育运动服饰行业的发展,还能够间接地拉动体育广告业、体育保险业等的增长。尤其是当下体育和旅游相融合的体育旅游业,愈发表现出繁荣的趋势。根据国家文化和旅游部发布的《2021 年体育旅游发展报告》,2021 年国内体育旅游产业规模达到了 2.92 万亿元,比 2020 年同期增长 0.69 万亿元,增长率为 31%,我国体育旅游产业发展规模不断扩大。

除此之外,体育产业的发展对社会产业结构的调整有很大的作用。目前我国国民经济产业结构发展趋势为:第一产业比重逐步下降,第二产业增速开始减弱,第三产业比重不断增加。体育产业包括体育服务业、体育制造业和体育建筑业等,但我国将体育产业划分为第三产业,意味着体育服务业占据了主体地位。因此体育产业的发展会促使第三产业比重不断增加,社会产业结构不断优化。

1.2.4 国际层面:巩固大国外交

体育外交已经成为外交和国际关系的重要组成部分,体育产业之所以能够在国际层面不断发展壮大,是由于体育与音乐和艺术一样,是一种不会产生歧义的通用语言。如今积极开展体育外交的不再只有各国政府,还有各种非国家群体,各组织通过分享社会、政治、经济、文化等信息,建立可持续的交往关系。体育外交是对传统外交战略的一种补充,它可以加强赛场内外的国际关系,促进国家之间的文化交流。在20世纪70年代,乒乓外交拉开了中美关系正常化的序幕。成功的体育外交实例不计其数,奥运会的诞生就源自于希腊人民对和平的渴望,各国签订协议,规定定期举办奥林匹克运动会,并在奥运会期间禁止一切战争。如今在"一带一路"倡议以及与东盟国家发展多边关系的战略中,体育都发挥了重要作用,"一带一路"马拉松比赛以及其他各类体育赛事不断地发展,为我国与沿线国家的友好往来注入活力。

1.2.5 个人层面:满足个人对健康的追求

党的十九大报告指出,中国特色社会主义已经进入新时代,我国社会主要矛盾已经转化为人民日益增长的美好生活需要和不平衡不充分的发展之间的矛盾。这其中人民对美好生活的需要,就包含了对健康的需要,以至于派生出对体育用品及相关服务的需求。

首先,体育可以满足个人对健康的追求。健康对个人的发展来说至关重要,而体育最基础的作用就是强身健体。当今社会,经济发展迅猛,各种职业压力层出不穷,使得很多年轻人运动量减少,身体机能下降,出现各种疾病,体育锻炼是改变这种局面的重要途径。

其次,体育可以丰富个人的精神生活。体育赛事、体育节目能愉悦我们的心情。当前,体育竞赛已经成为世界上最具影响力的娱乐活动,奥运会、亚运会、世界杯等国际体育赛事逐渐成为人们热切关注的话题。

最后,体育健身可以锻炼个人的意志。坚持体育锻炼可以让我们在超越自己、挑战极限的时候,获得成就感与自豪感。在进行体育运动时,身体所产生的刺激、疲惫和痛苦都是对一个人内在意志的考验,尤其是对青少年品格的形成更加具有重塑作用。

1.3 研究方法

1. 历史和逻辑方法

用历史和逻辑方法分析高质量发展和体育产业高质量发展的一般规律,以及我国数字经济与体育产业发展的现实情况和特征,梳理和总结了发达国家体育产业高质量发展的成功经验,并探究了发展中国家体育产业发展的重要启示。

2. 文献梳理法

通过对国内外学者文献的梳理,从历史演进的视角,总结归纳了高质量发展、经济高质量发展、体育产业高质量发展的内涵与意义,并在此基础上从数字经济与体育产业高质量发展的相关性、影响机制等视角梳理了相关文献,最后根据对文献的梳理,进行了文献述评,并据此提出了本书的研究视角。

3. 案例研究方法

通过对我国体育产业发展较好地区的相关企业调研,选取体育产业高质量发展的典型案例进行研究,总结这些企业如何运用数字经济赋能体育产业的成功经验。同时,到国内体育产业开展较好的省份的体育部门进行实地调研和座谈,学习经验,总结得失,并形成相关的启示,对经验研究进行补充,并增强此项研究的应用性和针对性。

1.4 创新之处

一是以往的文献主要集中研究数字经济影响体育产业的理论机制,本书结合新发展阶段中体育产业发展的方向和内涵,探讨数字经济与体育产业高质量发展的内在逻辑。

二是现有研究分析体育产业高质量发展的量化指标,基本采用的是体育产业增加值、增速或者占 GDP 比重等,本文从三个维度构建体育产业高质量发展指标体系,运用 31 个省份的面板数据实证分析数字经济是如何影响体育产业高质量发展的,并探析不同经济发展水平区域的异质性影响。

三是现有文献较少讨论两者的影响机制,少量的研究中只是做了定量研究。本书在基准回归的基础上,进一步分析技术创新在数字经济推动体育产业高质量发展中的中介机制,市场化水平在数字经济影响体育产业高质量发展中起到的调节效应,深化了数字经济与体育产业高质量发展的研究。

四是本书在理论和实证分析的基础上,列举了两个微观企业的案例:春风动力和疯狂体育,分析了数字经济如何影响体育产业高质量发展,从企业层面进一步丰富了两者的相关研究。

第二章 文献综述

本章根据对国内外文献的梳理,结合本书的研究主题,从高质量发展的内涵与核心、经济高质量发展的相关研究、体育产业高质量发展的相关研究、数字经济与体育产业高质量发展研究这四个角度进行总结归纳,最后对文献进行了评述。

2.1 高质量发展的基本内涵和核心

2.1.1 高质量发展的基本内涵

高质量发展一词,在我国可溯源到 2017 年党的第十九次全国代表大会,在该会议上提出,我国经济已出高速增长阶段转向高质量发展阶段,表明经济的创新力和竞争力增强。同年 12 月,习近平总书记在中央经济工作会议上指出,高质量发展,就是能够很好满足人民日益增长的美好生活需要的发展,是体现新发展理念的发展,是创新成为第一动力、协调成为内生特点、绿色成为普遍形态、开放成为必由之路、共享成为根本目的的发展。

2018 年 9 月 20 日,习近平主持召开中央全面深化改革委员会第四次会议并发表重要讲话。会议审议通过了《关于推动高质量发展的意见》。会议指出,推动高质量发展是当前和今后一个时期确定发展思路、制定经济政策、实施宏观调控的根本要求,要加快创建和完善制度环境,协调建立高质量发展的指标体系、政策体系、标准体系、统计体系、绩效评价和政绩考核办法。要抓紧研究制定制造业、高技术产业、服务业以及基础设施、公共服务等重点领域高质量发展政策,把维护人民群众利益摆在更加突出位置,带动引领整体高质量发展。2018 年 12 月提出的"六个高质量"中起头的是经济发展高质量。高质量发展,是什么样的发展?习近平在党的十九大报告中明确指出发展经济的着力点是"实体经济",把"提高供给体系质量"作为主攻方向,必须坚持"质量第一、效益优先"两大原则,推动经济发展的三大变革,即"质量变革、效率变革、动力变革",努力实现"更高质量、更有效率、更加公平、更可持续"的发展目标。

2021年8月,习近平总书记在主持召开中央财经委员会第十次会议时指出,共同富裕是社会主义的本质要求,是中国式现代化的重要特征,要坚持以人民为中心的发展思想,在高质量发展中促进共同富裕。这一系列重要论述,指明了高质量发展的重要特征,也明确了实现高质量发展的重要标准。目前,我国虽然已经进入高质量发展阶段,但是距离真正的高质量发展还有非常大的差距,具体表现在以下四个方面,第一,在供给侧的资源配置要素方面,从粗放型向集约型转变还没有真正实现,生态环境遇到前所未有的困难,产品的高端化和优质化程度也不高,企业的经济效能还有待进一步提升(袁惠爱等,2023)。第二,在需求侧,国内经济对外依赖程度较高,出口产品中低端成分较多;投资率和常规值不相符,投资结构和群众消费不在同一轨道,受体制的影响,消费空间和消费增长潜能得不到进一步拓展和释放。第三,在体制方面,市场经济的程度还需要进一步加强,微观经济活动受到政府的强烈干预,行政审批和许可发放繁琐,民营企业的市场准入难度大,企业税费负担较重,导致企业的经济转型遇到前所未有的困难。第四,在创新上,社会原创动力不足,虽然近年来,我国在基础研究、科技创新等方面呈现增长态势,但是在核心环节、前沿领域、基础学科等方面,缺乏领军人才,关键技术难以突破,阻碍了高质量发展进程和经济新动能的形成,如果非要对当前我国的经济水平作一个明确的判断,充其量也只能说处于一个高质量发展的初始阶段(黄海刚等,2023;霍春辉等,2023;陈明华等,2022)。

2.1.2 高质量发展的核心

高质量发展的核心要义是绿色、协调、开放。高质量发展必然是绿色的发展,要树立正确的政绩观,摒弃过去唯GDP论的衡量标准,坚决遏制低端的高能耗、高污染、高物耗产业。高质量发展必然是协调的发展,全面推进西部开发、中部崛起、东北振兴、乡村振兴和扶贫攻坚,增强发展的平衡性、包容性、可持续性,促进各区域各领域各方面协同配合、均衡一体发展。高质量发展必然是开放的发展,过去40多年中国经济发展是在开放条件下取得的,未来实现高质量发展也必须在更加开放的条件下进行(周国富等,2020)。从宏观层面看,提高商品与服务质量是高质量发展的基础,技术创新是高质量发展的核心,可持续性是高质量发展的最高层次,实现人的发展是高质量发展的终极关怀(任保平等,2018)。综合党的十九大至两会期间的政策信号,"两个提高"构成了高质量发展的核心特质:提高全要素生产率是高质量发展的核心途径,提高人民福祉是高质量发展的核心目的(程实等,2018)。高质量发展的核心是指经济增长稳定,区域城乡发展均衡,以创新为动力,实现绿色发展,让经济发展成果更多更公平惠及全体人民(史丹等,2019)。从产业层面看,高质量发展是指产业布局优化、结构合理,不断实现转型升级,并显著提升产业发展的效益。高质量发展意味着产业规模不断扩大,现代农业、先进制造业、现代服务业等不断完善发展,形成健全的现代产业体系(夏幼根,2024)。创新是引领发展的第一动力,是建设现代化经济体系的战略支撑;创新是产业实力的综合反映,是竞争能力的核心要素(姚凤阁等,2023)。

在新发展格局下,高质量发展的核心就是要加快经济新动能的增长进程。罗来军等(2022)认为在经济高质量发展的进程中,质量、效率、动力等方面的变革所发挥的作用不尽相同。质量变革呈现的是通过动力结构的驱使,经济体能在产品和服务上得到优化,能够充分满足广大城乡居民的美好生活的需要;效率变革呈现的是在创新的作用下,资源要素实现节约化配置,使得效益产出提高;动力变革呈现的是动能机制转换如何使得经济从高速发展向高质量发展的变革途径(李骏等,2023)。在新时代背景下,新动能的产生是中国经济高质量发展的必由途径,新动能就是区别以往传统经济增长动力,只要是为当前经济发展带来经济增长的源动力就是新动能,这种动力是时代的产物,是社会发展规律所需要的(张志元等,2023)。在当前和今后的一段时期,如何选择和优化增长动力结构组合的战略思路是我们工作的重中之重(李悦平,2023),现阶段高质量发展的新动能主要指以新技术、新产业、新产品、新业态模式为核心,以知识、技术、信息、数据等新的高级生产要素为支撑推动高质量发展的动能(罗文剑等,2022)。具体路径可以从消费需求的内在释放、在消费结构升级过程中产生的新需求、加速推进社会结构和新型城镇化的增量需求,提高我国在国际市场的供给侧创新、产业结构调整等话语权(吴少龙,2022)。要利用本次产业结构调整出现的新契机,大力支持新兴产业和改造传统产业,争取在较短时间内出现一批对国民经济有影响的支柱产业、具有国际竞争力的龙头产业以及国际品牌(周凯航,2022)。提高新时代我国经济发展供给体系的质量,注重与我国高质量发展阶段相适应的宏观调控体系建设。构建高质量的产业体系,实现从制造业大国向制造业强国迈进(王伟光等,2023)。在牢固树立新发展理念的基础上,进一步加强与创新相关的基础教育、制度与设施建设,从而面向全球为不同创新人才提供综合性、公平性的创新环境。另外,应进一步完善当前制约创新人才发展的体制机制(程实,2022)。

2.2 经济高质量发展的相关研究

2.2.1 经济高质量发展的内涵

中国特色社会主义进入了新时代,经济发展迈入高质量发展阶段。张存刚等(2021)从政治经济学的视角分析了我国经济高质量发展应该依靠科技创新、区域协调、人与自然和谐发展等三个方面,认为以人民为中心和深化改革要齐头并进。

王雪峰等(2020)认为经济高质量发展就是要在现有的经济和发展的基础上,要更好地坚持以人民为中心,朝着满足人民对美好生活的需要的道路上前行,以人为本,共享发展,加快消费结构优化,供给关系完善,从而体现经济发展的前瞻性、全局性、整体性的目标要求。刘海霞(2019)以马克思基本经济原理为基础,从生产力和生产关系的角度,将生产作为切入点,认为经济高质量发展就是直接生产过程的高质量转变到社会生产总过程的高质量的发展。

周国富等(2020)在经济高质量发展核心内涵的基础上,从创新发展、供给侧结构优化、经济增量稳定、绿色环保和社会保障五个维度构建了一套由三个层级、共计69个指标组成的经济高质量发展评价指标体系。从而为我国各省份的经济高质量发展的检查、对比分析提供有效的检测工具。刘丽等(2020)从微观、中观、宏观三个层面阐述了经济高质量发展的内涵,产品和服务水平是中国质量提升的主要途径,通过提升创新链来培育新的经济增长点,从而使得中国企业在全球中高端市场具有话语权。经济发展的体制需要转变方式,社会经济效益、资源配置效率、提高要素生产率等三个方面是主要方向。黄娅娜等(2019)认为经济高质量发展从整体上结合理论、价值和实践三个维度:理论维度主要是利用发展经济学原理分析理论体系,从而得出高质量发展是对当前的经济发展状态的有益补充,也是中国特色社会主义政治经济学特色的体现;价值维度主要是对五大发展理念的升华和凝练,创新是动力源泉、协调是内在特点、生态是普遍形态、开放是必经之路、共享为最终途径;实践维度就是党中央对中国当前的经济现状、任务、环境等方面出现的变化,结合国内外的发展趋势和现状,进行了深入分析,以此为基础作出的重大决策,为供给侧改革、优化资源配置、提升社会经济效益提供了指导。郭栋(2020)认为经济高质量发展是一个循序渐进、供需结构和产业结构优化、经济全方位提升的社会生产过程。经济的高质量发展可以从广义和狭义两方面进行进一步理解:从狭义而言,生产体系和过程必须体现出高质量;从广义而言,同时完善的基础设施建设也必须有高效的资源配置、收入分配制度合理以及全过程所有的要点支撑起来的高质量的国内国外双循环,从而使得整个社会生产力全面提升。

2.2.2 经济高质量发展的测度研究

以人民为中心的发展理念和实现全中国人民共同富裕,是新时代中国特色社会主义当前阶段的主要目标,经济高质量发展是其中的重要组成部分和最终目标。

1. 新发展理念视角

袁艺等(2022)把可行能力理论和中国五位一体的战略布局相融合,将经济高质量发展的测度分成能力和功能两个指标体系,经检验,在波动幅度、区域差异上,功能指标和能力指标成反比,经济效应和社会效应的驱动也是呈现相反方向。

陈国生(2022),程晶晶等(2021)则是在全面建设社会主义现代化国家和新发展理念的视角下,运用熵值法,建立面板数据模型,结合五大发展理念(创新、协调、绿色、开放、共享),对经济高质量发展进行分析,研究表明,五大发展理念对促进经济高质量发展有着直接的积极影响,如优化绩效评估、加强政策支持、强化宣传力度、因地制宜地制定经济高质量发展政策,但是同时也指出,"绿色"和"协调"是五大发展理念中的薄弱环节,东西部区域呈现出发展不平衡和区域差异,为我国经济高质量均衡发展提供了一定的指向。魏艳华等(2023)、张懿晟(2023)采用了与传统方法不一样的时空熵权TOPSIS评价法,使得众多面板数据可以短期评价,适用覆盖面更广,并在时间上、空间上、地区差异上等三个维度对省域城市经济高质量发展做了客观的评判。王婉等(2022)以经济高质量发展的内涵为基础,采用 fsQCA 评价方法,以组态视角分析我国经济高质量发展的路径,同时运用熵权 TOPSIS 评价模型探究区域发展差异,以新发展理念为基础,构建我国经济高质量发展评价体系。林木西等(2023)基于"五大发展理念",选取绿色金融的视角,利用省级面板数据对经济高质量发展进行测度,实证研究影响效应,得出绿色金融对经济高质量发展有着正相关的显著影响,但是有着区域差异性,同时结合空间溢出效应,检验出对本地区也存在着积极影响,从而证实了绿色金融对技术创新、产业协调、资源消耗以及教育医疗有着促进作用。黄寰等(2021)利用模糊概念和灰色层次来进行模型构建,除了五大指标外,增设了总量指标,分析了我国经济高质量发展空间演变特征,对我国长江流域、黄河流域以及各省份的发展状况进行了排序,为这些区域的经济高质量发展提供了实证依据。

2. 社会视角

从社会视角研究经济高质量发展,需要综合社会、经济、生态等多方面的因素。李超等(2022)选取三大经济圈为研究样本,以基本理论为基础模型,利用分层次测算方法,分析三大经济圈的高质量发展状况,发现其均呈高质量上升趋势,在此过程中,对经济高质量的贡献顺序为生态环境、社会保障以及成果分配,侧面反映出自然资源改善的紧迫性,为缩小城乡居民收入分配的差距、提高生态环境质量提供了相关的政策依据。唐娟等(2022)利用 SBM 模型和 Malmquist 模型,测算出经济效率值呈由西向东递增的分布状态,全要素生产率增长的主要因素是技术创新,经济发展与自然生态协调兼顾、资源配置合理有效组合,才能推动经济高质量发展,从而得出提高经济效率是中国经济实现高质量发展的关键途径。

经济高质量发展测度不仅需要关注整体水平,还需分析其动态演进和区域差异。佟孟华等(2022)利用二次加权动态评价法测度中国各省经济高质量发展水平,并通过 Kernel 密度估计、Dagum 基尼系数等方法分析区域差异。这种方法有助于识别不同地区的发展趋势和相互差距,为政策制定提供依据。数字化和创新驱动是现阶段推动经济高质量发展的重要动力,李祺等(2023)研究表明,数字化发展对经济高质量发展具有显著促进作用,通过互联网发展、数字金融包容性等指标可以有效反映这一过程。此外,徐晔等(2021)通过研究创新要素配置与经济高质量发展的耦合度,也表明创新是推动经济高质量发展的关键因素。经济高质量发展还需关注人民群众的满意度和对美好生活的需求。例如,刘家旗等(2021)通过大数据文本挖掘和情绪识别技术,分析了人民群众对高质量发展的关注重点和满意程度。这种方法有助于从社会层面评估经济高质量发展的实际效果。

2.2.3 中国经济高质量发展的影响因素

经济高质量发展的影响因素是多方面的,涵盖了技术创新、产业结构、金融发展、对外开放、绿色发展等多个领域。

1. 技术创新与科技进步

技术创新是推动经济高质量发展的核心动力。桑柳婷(2022)认为科技创新不仅能够提高全要素生产率,还能驱动经济结构升级和消费水平的提升,从而促进社会公平。此外,科技研发阶段的创新指数与经济高质量发展水平之间存在 U 形关系,表明在一定阶段内,科技创新对经济高质量发展的贡献会逐渐减弱。

2. 产业结构优化

贾琦等(2022)认为人文产业结构的优化升级是实现高质量发展的关键路径。通过调整和优化产业结构,可以提升经济发展的质量和效率。例如,制造业的集聚程度和政府对产业的干预程度直接影响制造业的高质量发展。

3. 金融发展与资源配置效率

赵玉龙(2019)认为金融发展对经济高质量发展具有显著的促进作用,尤其是银行信贷扩张和资本配置效率对经济发展质量有重要影响。然而,谭皓方等(2023)认为金融资源配置的不平衡也可能成为制约经济高质量发展的一个因素。

4. 绿色发展与环境保护

杨镒泽(2022)认为绿色发展是经济高质量发展的重要组成部分。随着工业化进程的加快,粗放型经济发展方式导致的环境污染问题日益严重,因此需要通过绿色生态建设来推动经济的可持续发展。

2.3 体育产业高质量发展的相关研究

2.3.1 体育产业高质量发展的内涵

体育产业高质量发展的内涵研究涉及多个方面,包括经济、社会、技术等多个维度。根据国内外的研究文献可以从以下几个方面详细阐述体育产业高质量发展的内涵:

从经济发展层面看,高质量发展强调的是经济的公平、绿色、稳定与均衡增长,肖淑红(2021)认为这不仅体现在体育产业的经济实力和人均经济水平上,还包括区域城乡经济水平的协调发展。高质量发展要求体育产业在经济效益的基础上,更加注重社会效益和经济效益的统一(王雪,2020)。从产业结构和驱动力层面看,任波(2021)认为高质量发展要求体育产业结构要朝着高度化和高端化发展,通过创新驱动实现产业结构的升级。李在军等(2023)认为数字经济作为发展驱动力,可以通过优化资源配置、促进产业融合等推动体育产业高质量发展。从质量提升层面看,王晨曦等(2020)认为高质量发展不仅仅是规模的扩张,更是质量的提升。体育产业需要通过动力变革、效率变革和质量变革来实现从数量扩张向质量提升的转变。例如,通过提升体育产品的质量和服务水平,以满足人民日益增长的多元化和个性化体育需求。从可持续发展层面看,徐开娟等(2019)认为体育产业高质量发展必须考虑可持续性和绿色化发展,即在实现经济效益的同时,注重资源的合理利用和环境保护,需要通过绿色低碳的方式,实现可持续发展,从而更好地服务于社会和经济的长远发展。从社会价值层面看,刘亮(2021)研究发现高质量发展还要求体育产业在满足人民日益增长的精神文化需求方面发挥重要作用。体育产业不仅是经济活动的一部分,也是文化传播和社会价值实现的重要载体。

2.3.2 影响体育产业高质量发展的相关研究

1. 从消费视角看

扩大消费是推动体育产业高质量发展、夯实消费、引领经济增长的重要引擎(刘冬磊等,2020)。体育消费是目前我国消费领域的新来源,也是体育产业高质量发展的核心动能(芦胜男等,2021)。居民消费水平的提升可以通过提升体育产品的消费影响体育产业发展,体育产业又通过政策引导和市场培育来促进居民消费结构升级(任波,2018)。除了定性研究外,国内学者在定量研究上也做了有益的尝试,如对消费结构升级与体育产业发展的耦合关系进行分析,发现消费结构明显升级,体育产业发展迅速并且产业结构已发生显著变迁(朱菊芳等,2019),采用问卷调查等方法,选取广东居民赴香港参加体育赛事者为调查对象,了解两岸居民参与体育赛事受到哪些因素的影响及其影响程度(王淋燕等,2020)。

2. 从社会文化视角看

体育产业的发展与社会因素密不可分,文化、历史、制度创新等相关因素或推动或抑制体育产业的发展。魏艺等(2021)认为,体育文化的底蕴,是推动体育产业融合发展战略中的"软实力"和"硬实力",为体育本体产业的发展和经济转型升级注入新的动力。王磊(2014)认为,政府重视和全社会对体育产业的认知加深是体育产业快速发展的有力保障和重要助力,在经济社会发展的背景下,我国体育产业发展可以分为四个阶段。李荣日等(2017)从历史演进视角、产业经济视角、文化视角,分析了体育产业的内涵变化,认为这种变化都是基于不同的运动项目,每个项目的运动文化和体育产业是密不可分的,运动项目起到了推动体育产业维度发展的作用,从而得出体育产业的根本是运动项目。在"健康中国"和"体育强国"的大背景下,在国家和社会的顶层设计下,人们对健康意识逐渐增强,"主动健康"已成为社会的共识。詹新寰(2010)认为体育产业的政策应该让市场发挥资源配置的主导性作用,让体育的经济功能能够充分显现,并由政府干预转变为引导扶持,多措并举,多种经济成分竞相参与,让体育产业的格局和布局相得益彰。

2.3.3 体育产业高质量发展的对策研究

目前,我国的体育产业发展还处于起步阶段,体育产业机构特点符合我国现阶段体育产业的发展水平,作为第三产业的重要组成部分,也符合我国宏观经济的发展趋势。但是从宏观上看,姜同仁等(2022)指出,经过"十三五"强势突破和市场动力的优化调整,我国体育产业已经具有了广阔的市场和巨大的能量,取得了较大成绩,但也存在产业质量不高、载体作用有待提高、居民的体育消费能力尚需进一步激发、空间布局有待进一步优化等瓶颈和问题。从微观上看,郭俊华等(2021)指出,体育企业大量涌现,保持企业旺盛的市场活力,是体育产业发展的重要因素,金融市场的资金对体育产业注入,并通过市场的检验和竞争,可使得体育产业在市场的主体地位得以提升。

除了社会资本对体育产业的干预可以起到一定的作用外,王志文等(2021)也指出,理顺政府和市场的关系、加快体育部门的职能转变、提高体育资源配置的优化、打破体育市场内在制度的障碍、构建体育企业的良性竞争,也是体育产业蓬勃向上发展的有效路径。付群等(2023)指出,加强政府在体育产业中的依法行政,可以大幅提高体育产业发展在法治建设中的有序性。因此,加强体育产业在法治体系和法治治理方面的建设,对体育产业的发展能起到至关重要的作用。

2.4 数字经济与体育产业高质量发展研究

2.4.1 数字经济的内涵

数字经济的概念早期出现在1996年唐·塔普斯科特(Don Tapscott)撰写的《数字经济:智力互联时代的希望与风险》一书中。1998年,美国商务部发布了《新兴的数字经济》报告,由此数字经济的提法正式成型。发展数字经济不仅仅停留在互联网经济上,更多的是指发展"信息化"的经济。在2016年举办的G20杭州峰会上,我国作为主办国,首次将"数字经济"列为G20创新增长蓝图中的一项重要议题,并通过了《G20数字经济发展与合作倡议》,同时提出了数字经济的概念;数字经济就是以数字化信息和知识为生产要素,以信息网络作为重要载体,以信息通信技术的有效使用为手段,推动效率提升和优化经济结构的一系列经济活动,是引领经济快速增长的主要推动力之一。

2.4.2 数字经济的特征

纵观数字经济概念,郑健壮等(2020)认为数字经济的三大要素为:信息、技术、经济。李晓华(2021)认为传统经济和企业的发展受限于自身的资源和能力,数字经济的出现,打破了这种束缚。孙杰(2020)指出,数字经济的兴起,加速了知识和信息的交换和发展,推动并提高了技术进步和经济效益,冲破了传统经济学分析的壁垒。魏中龙(2021)认为,数据、数字基础设施、数字技术等都是数字经济发展的生产要素、重要基石以及主导技术。盛斌等(2022)从数字基础建设、数字产业、数字治理三个维度54个指标入手,研究了我国30个省份的数字经济发展指标体系,得出数字治理发展最快,数字基础建设其次,数字产业最慢,总体呈现上升趋势,东西部发展差距在缩小的结论。韩亚品(2021)从微观、中观、宏观三个层面阐述了数字经济的生态系统的运行特征,即整体性、多样性、自组织性、创新性、共生性。数字产业化、产业数字化在增速发展,数字化治理成效明显,数据要素的市场化配置为经济发展提供新动力。同时,张路娜等(2021)也从数字经济的发展起源、数字技术、数字产业、制度变革等四个方面的演进过程,分析出数字经济的发展特征呈现传播快、覆盖面广、渗透力强的特征。

2.4.3 数字经济的测度

在经济新发展格局背景下,经济高质量发展被提到了重要的显著地位,2017年政府工作报告首先提出"数字经济",从而对数字经济进行了广泛的研究,对数字经济测度的研究成为社会热点(焦帅涛等,2021;刘欢,2021)。数字经济发展的指标体系构建是个复杂而系统的工程,应具有整体谋划性和科学系统性。胡跃蓝(2021)运用因子分析法对30个省份的面板数据进行分析,得出数字经济对经济社会发展水平的影响效应存在明显的空间溢出。王娟娟等(2021)在其他研究成果的基础上,融入衡量区域发展差异的新指标,建立了数字基础设施、数字产业和数字环境的评价指标体系,得出了我国目前的数字经济还存在短期竞争、缺乏长期对竞争对手的关注,数字经济土壤的高质量培育急需解决的问题。梁秋霞等(2021)利用熵值法构建数字经济的测度体系,从产业发展、科技融合发展、基础设施建设等方面,分析出长三角经济带的数字经济发展虽呈上升趋势,但产业结构还需调整优化,区域发展不平衡。雷鸣嘉(2020)结合计量经济学和多维指标,构建了数字产业化、产业数字化、数字治理、数字创新等四个方面的选取指标,形成测度,通过实证分析,认为数据是数字经济的核心要素和关键点。刘军等(2020)从信息化发展、互联网发展、数字交易发展三个维度构建我国部分省份数字经济发展的指标体系,利用模型分析了数字经济的驱动因素,分析出我国部分省份的数字经济虽在高速发展,但还存在"数字经济鸿沟"和东西部省份两极分化现象。高燕等(2021)从供给两侧,对数字产业的电子政务、数字消费与投资等指标进行了分析,得出要改善和重视企业对数字经济的需求,加快企业转型的节奏,以及要进一步优化数字经济市场资源配置的结论。

2.4.4 数字经济与体育产业高质量发展的相关研究

在数字经济与体育产业发展两者的互动机制上,体育产业数字化是在体育产业中利用数字技术对服务进行升级与改造,进而提升服务质量及效率的过程(周强等,2020)。数字技术通过降低体育产业运行成本、深化体育产业分工与生产协同,助力体育产业高效发展(刘佳昊,2019),体育产业与互联网的融合,也将造就新的体育产业生态(张森木,2016)。其中户外体育活动、互联网软件开发、体育线上活动等多元化的影响因素直接影响到体育运动功能转变,而产业政策的驱动力、市场需求的拉动力、企业竞争的推动力也将使体育产业在生产效率、产品供给、赛事文化传播、商业模式、市场结构、体育消费等方面产生新的变化(任波,2020)。任波等(2024)围绕建立全国统一体育大市场、扩大体育内需、提升体育产业和供应链的现代化水平,提高体育对外开放水平等体育产业融入新发展格局的内涵,探究数字经济赋能体育产业融入新发展格局的内在机制。数据要素赋能增强体育企业产品供给能力,"新基建"加速布局服务体育内需市场,数字化治理创新营造良好的体育产业发展环境,体育服务贸易数字化发展打通体育对外贸易市场。李明龙等(2024)提出数字经济驱动体育产业结构升级转型,提升产业生产效率和市场竞争力,培育和发展战略性新兴体育产业,推动传统体育产业数字化转型升级。具体到产业政策上,体育产业要不断进行技术和商业模式创新,政府要加大支持力度,深化改革扩大开放。这些有利因素叠加才会促进我国体育产业持续快速发展(江小涓,2019)。政府也应从顶层设计、社会参与、基础设施、数据共享、法律法规、人才培养等几方面着手,充分发挥网络和数字技术对体育产业高质量发展的带动作用(沈克印,2020)。

罗宇昕等(2022)从产业经济学理论视角,对体育产业高质量发展的多维价值和推进方略进行研究,认为宏观靠顶层设计,中观要各方参与,百家争鸣,在微观层面要重视数字体育产业人才培养。潘玮(2021)认为疫情防控常态化的背景下,产业数字化将是体育产业高质量发展的必然趋势。在"低碳"发展理念的背景下,数字技术和体育产业融合发展被提上日程,数字技术赋能体育产业,有利于提高资源利用率,使得体育产业业态、供给链、结构优化、供需平衡更加融合,助力体育产业逐渐实现碳达峰、碳中和(王孟等,2022)。杨海东等(2021)指出数字体育在落实健康中国和全民健身国家战略、促进体育产业高质量发展、彰显体育精神以及国际交流合作等方面具有重要意义。战略布局、顶层设计、强化监管、推进数字化转型是体育产业数字化向纵深发展的有效途径。李艳丽等(2020)认为在新冠疫情持续影响和冲击下,体育产业数字化转型势在必行,以加速推动体育高质量发展。同时,洪克印(2020)、王戬勋(2020)等也提出了在新冠疫情背景下,体育产业高质量发展的指向和对策,认为应加速产业数字化进程、线上线下深度融合、不断优化体育营商环境,推动体育产业向数字化和智能化方向发展。白宇飞等(2021)也提出进入数字经济时代,国内外受到疫情的影响,体育企业的数字化转型是必然趋势,从体育的供给和需求,降低体育成本和增长体育消费都能促进数字化转型,可从政策体系改革、数字平台的建设、现代数字技术的应用、人才体系的培育等方面推进体育产业数字化转型。任波(2020)从后疫情时代我国体育产业高质量发展视角出发,认为目前是体育产业助力体育强国建设极好的机遇,如利好政策不断出台、体育消费持续增高、国内国际双循环、数字技术迅猛发展。同时,也极具挑战性和不确定性,体育产业供需比例不合理,产业机构需优化升级,受全球疫情的影响,国内外赛事存在极大的变数,基于以上因素,提出促进数字经济与体育产业深度融合,推进数字化转型是目前需要解决的问题。刘尹等(2022)认为在新时代国家信息化发展的新战略背景下,我国的体育产业数字化无论从体育产业政策、规模、消费模式还是从营商环境来看,还存在"新基建"创新链条以及政策落实均存在不足,必须加快体育产业数字化创新和基础设施建设,增强数字化治理水平。张未靖(2021)认为在疫情新常态的形势下,我国体育产业各业态呈现多元化特征,体育流媒体、体育社交媒体、电子竞技产业竞相出现新的发展机遇,需创新投资模式,多部门协同,形成新的体育产业整体性治理体系。李在军等(2023)指出首先建立健全高质量发展规划,其次深化"放管服"改革释放市场活力,再次建立数字安全监督机制和制定数字隐私的法律规范,最后提升市场主体竞争力。王璇等(2023)提出需要政府从宏观层面进行引导与规范,推动数字体育产品和服务回归消费者需求。胡勇(2024)指出政府应以消费需求为核心打造现代化体育产业品牌,并为本土运动品牌提供创业扶持政策和金融支持。杨晓燕等(2024)指出提高数据要素供给能力,政府要推进数据资源治理体系建设,推动体育行业数据开发共享。

2.5 文献评述

综合已有的国内外文献,政府、学术界和企业界均对体育产业高质量发展问题给予了高度关注,并进行了大量卓有成效的研究,取得了较为丰硕的成果,这为本课题研究工作的开展提供了重要参考。虽然已有文献取得了一系列进展,但仍存在较大研究空间,主要表现在:(1)现有文献大都基于体育学学科开展研究,而从产业经济学的视角将体育学和经济学进行交叉学科的研究文献比较缺乏,特别是相关的定量研究较少,不能全面地解释新常态下中国出现的新情况、新问题。(2)以往的文献主要集中研究数字经济影响体育产业的理论机制,本书结合新发展阶段中体育产业发展的方向和内涵,探讨数字经济与体育产业高质量发展的内在逻辑。(3)现有研究分析体育产业高质量发展的量化指标,基本采用的是体育产业增加值、增速或者占GDP比重等,本书从三个维度构建体育产业高质量发展指标体系,运用31个省份的面板数据实证分析数字经济如何影响体育产业高质量发展,并探析不同经济发展水平区域的异质性影响。(4)现有文献较少讨论数字经济和体育产业两者的影响机制,少量的研究中只是做了定量研究,本书在基准回归的基础上,进一步分析技术创新在数字经济推动体育产业高质量发展中的中介机制、市场化水平在数字经济影响体育产业高质量发展中的调节效应,深化了对数字经济与体育产业高质量发展的研究。

第三章　中国数字经济与体育产业高质量发展现实解构与特征分析

本章主要从数字经济和体育产业高质量发展的现实情况出发,找寻现阶段两者的特征和规律,并分析两者在发展中存在的问题,为后文展开理论机制和实证研究提供依据。

3.1　中国数字经济发展的现状

数字经济是 21 世纪出现的新经济形态,是以数字技术与信息技术为核心生产要素、以数字科技创新为核心推动力、以现代信息网络为主要载体,利用数字科技与实体经济的深入融合,进一步提升市场经济数字化、网络化、智能化水平的新兴经济形式,并以此促进重建经济社会发展战略与管理模式。

3.1.1　数字经济发展的现状分析

1. 数字经济规模增长,占 GDP 比例也逐渐增加

2017 年以来,我国将数字经济发展提升为国家战略,中国数字经济规模已持续多年排名全球第二。经过近些年的发展,我国数字经济已经取得巨大的成果,正在不断向着纵向领域扩张,当前发展已经进入快车道。中国信息通信研究所公布的数据表明,2020 年中国数字经济在疫情中逆势上升,延续势头,规模自 2005 年的 2.6 万亿元上升到 2020 年的 39.2 万亿元,十几年来数字经济的规模一直处于稳步增长的态势,如图 3.1 所示。随着科学技术和产业革命的不断深入,数字经济已经成为当下中国最具活力、最具创造力、最具辐射力的新经济业态,也是中国经济最重要的增长点之一。

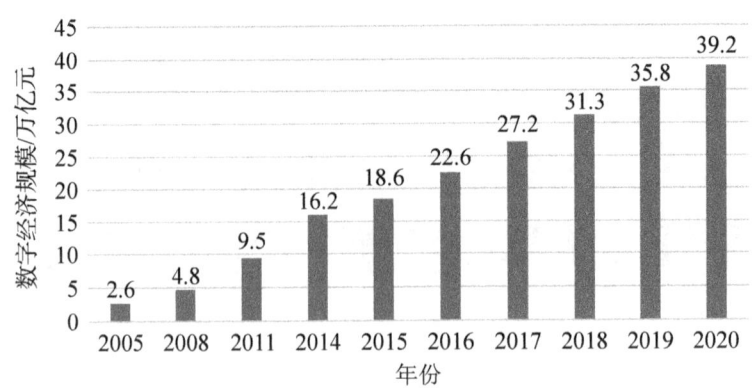

图 3.1　2005—2020 年中国数字经济规模
数据来源：《数字中国发展报告（2020 年）》

数字经济在国民经济中的作用也日益突出。数字经济在国内生产总值（GDP）中的比例正逐渐提高，在国民经济中的重要战略地位也更加突出。

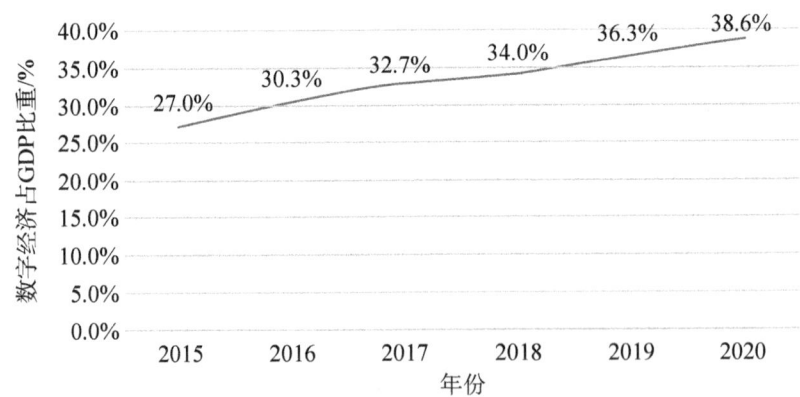

图 3.2　2015—2020 年中国数字经济占 GDP 的比重
数据来源：《数字中国发展报告（2020 年）》

如图 3.2 所示，2015 年至 2020 年，中国数字经济占 GDP 的比重稳步上升，从 27.0% 上升至 38.6%。数字经济在整个国民经济中发挥着不可替代的重要作用。中国具有全球最大的互联网消费市场以及庞大的消费者群体，并且具备完整的产业体系，这些都为数字经济的发展提供了海量的数据和丰富的应用场景，促使着我国互联网企业的创新成果不断涌现，商业模式竞争力进一步增强，表明了我国数字经济发展具有潜在优势。

数字经济有效稳定了疫情刺激下的中国宏观经济下行态势。近些年来，中国的数字经济增速一直维持着高于GDP的增长速度。从图3.3中可以看到,中国数字经济的增长速度与GDP的增长速度的趋势基本相同。2015年到2018年呈现增速加快趋势,2019年之后由于全球新冠疫情的蔓延,增速开始变得缓慢。当今世界仍处于经济危机的深入调整期,宏观经济放缓压迫巨大,全球遭遇了第二次世界大战以来最为严峻的大萧条。在世界经济增长受阻乃至萎缩的大背景下,中国数字经济仍然维持着快速增长。2020年,中国数字经济增长速率为9.7%,比同期名义国内生产总值增长率高出约6.7个百分点。这明显表示数字经济已成为维持长期稳定增长的重要动能,在经济与社会发展中具有重大且深远的影响。

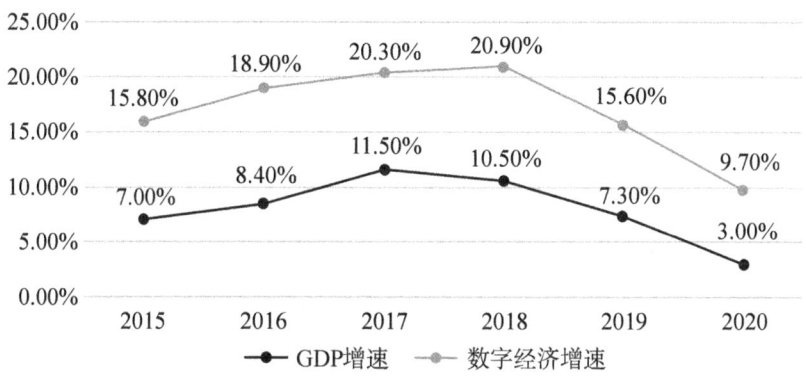

图3.3　2015—2020年我国数字经济增速与GDP增速（单位：%）
数据来源：《数字中国发展报告（2020年）》

三次产业数字化发展进一步推进。自2020年以来在线办公、在线教育和在线视频服务等新兴的数字格式技术和模式蓬勃发展。大量中小企业运用大数据分析、智能算法、工业网络技术等,加强了供需的精准衔接、有效生产管理和整体的资源配置。从图3.4可以看出,我国数字经济产业渗透率逐年深入,2020年,我国农业、工业、服务业数字经济占行业比重分别为8.9%、21%和40.7%,这些年来我国工农业数字经济比重显著小于服务业。这是由于中国数字经济巨头的主营业务主要集中在生活服务行业,即消费互联网,例如我国的腾讯、阿里巴巴、字节跳动等互联网企业的主营业务都集中于消费者的网络购物、线上通信、短视频娱乐等。

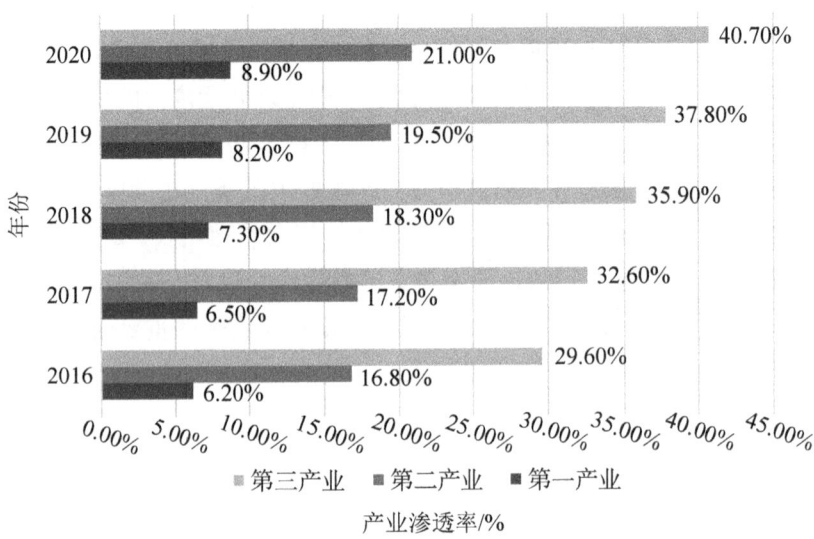

图 3.4　2016—2020 年我国数字经济产业渗透率
数据来源：《数字中国发展报告（2020 年）》

2. 数字经济结构持续优化升级

产业数字化在中国数字经济内部结构中的主导地位正在逐步加强。数字经济按照变化的形态可以划分为"产业数字化"和"数字产业化"，其中产业数字化是传统产业数字化升级的过程，主要是指由于应用了包括智慧算法、机器人等数字技术，从而使企业的生产数量增加，生产效率提高。数字产业化是指数字技术在人工智能、云计算、大数据平台等新技术引领下，逐渐形成的新产业，可为数字经济发展提供一定的服务和方案。

数字经济在"填补空缺"方面的作用十分突出。一方面，中国数字产业化能力正在逐渐提升，数字技术创新产业层见叠出。一批大数据、云计算和人工智能公司在技术上进行了创新和进步，生产系统越来越完整，并不断向全球产业链中的中高端迈进。2020 年，数字产业化达到 7.5 万亿元，占 GDP 的 7.3%。数字工业化的份额从 2015 年的 25.7% 上升到 2020 年的 19.1%。另一方面，中国工业数字化的深入发展也带来了新的机遇。电子商务、平台经济、共享经济和其他新的工业数字化模式推陈出新。产业联网和智能制造之间的合作得到了广泛推动，为互联网改革创造了巨大的增长空间。

2020 年，产业数字化规模达到 31.7 万亿元，占国内生产总值的 31.2%，产业数字化的比重从2015年的74.3%上升到2020年的80.9%(如图3.5所示),为中国数字经济持续健康发展带来了巨大动能。

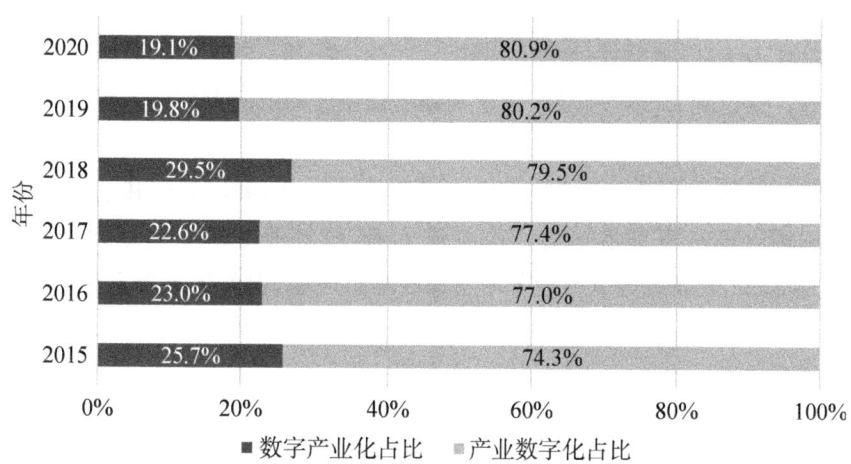

图3.5　2015—2020年我国数字经济内部结构(单位:%)
数据来源:中国信通院《中国数字经济发展白皮书》

3. 数字经济发展主体向产业化、服务化稳步推进

电信业的支撑能力大大增强。如图3.6所示,我国电信业收入规模自2015年以来一直稳步上升,但就其增速来看,波动幅度较大,从2014年以来经历了两次增速缓慢时期,分别是在2015年和2019年,增速均为0.8%。2020年,我

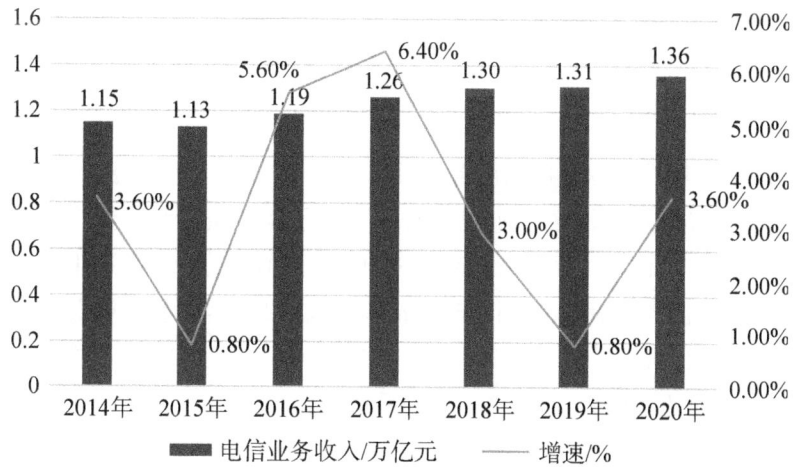

图3.6　2014—2020年中国电信业收入规模与增速
数据来源:国家统计局

国工业和信息化部积极推动中国互联网强国建设,实现5G网络覆盖我国所有地级市,进一步增强新的电子信息产业基础设施实力。2020年,中国电信服务总收入增幅大涨,电信服务数量迅猛增加。如图3.6所示,2020年电信业务总收入1.36万亿元,较上年增长3.6%。近90%的用户已升级为千兆宽带接入。截止到2020年年底,三家基础电信企业的固定互联网宽带接入用户总数达4.84亿户,全年净增3 427万户。

软件和信息技术服务业收入稳步增长。2020年,我国软件和信息技术服务业呈现出稳步发展的态势。从总体上看,软件业务收入持续快速增长。2014年到2020年我国软件业务增长速度略有波动,但整体来看较为稳定,如图3.7所示。

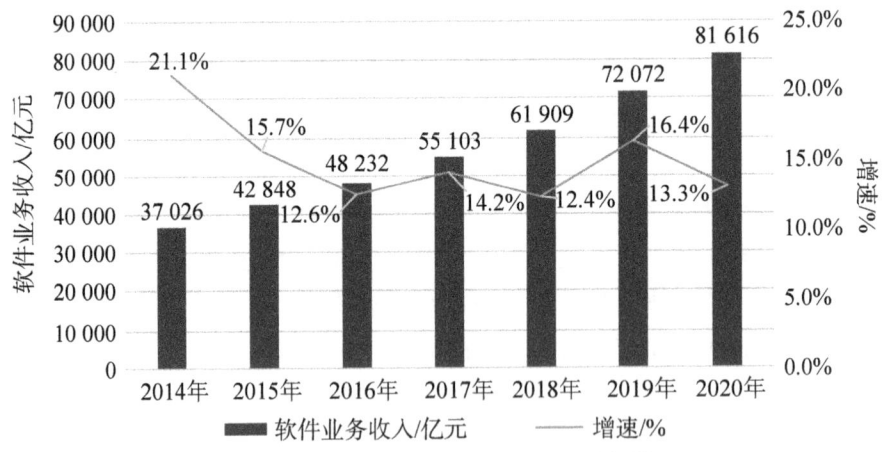

图3.7 2014—2020年软件业务收入增长情况
数据来源:国家统计局

2020年,软件和信息技术服务产品和服务更深层次的耦合,不仅推动了软硬件应用与服务协同发展,而且使得部分电子制造企业和软件产品开发企业加速向服务化转型。服务化趋势促进了产业的服务模式和商业模式的变革,加快了产业结构调整,推动了产业转型升级。2020年,软件业务收入累计近8.2万亿元,同比增长13.3%。从细分行业来看(见表3.1),其中信息技术服务占全行业比重最大,并且增速也是最快的。

表 3.1 2020 年软件和信息技术服务业细分领域收入情况对比

	软件产品	信息技术服务	网络安全产品销售和服务	嵌入式系统软件
收入	2.3 万亿元	5 万亿元	1 498 亿元	7 492 亿元
同比增长	10.1%	15.2%	10.0%	12.0%
占全行业比重	27.9%	61.1%	1.8%	9.2%

数据来源：《数字中国发展报告（2020 年）》。

互联网和相关服务业处于相对稳定态势并有下滑。如图 3.8 所示，我国 2014 年到 2020 年互联网业务收入呈现稳定增长，但增速逐年下降。2020 年，中国网络和相关服务业整体发展相对平稳，主营业务收入稳中有落，总利润仍维持两位数增速。但细分产业应用领域则出现了截然不同的发展态势，音频视频服务企业、在线教育企业等仍维持较快成长，生活服务系统公司等受疫情影响较大。从总体上看，2020 年我国互联网企业业务收入约 1.3 万亿元，同比增长 13%。从细分领域看，信息服务收入增速有所回落，但信息服务占互联网行业比重最大，占比为 55.1%；互联网平台服务收入稳步增长，其中，以线上教育、网络医院、直播电子商务、远程办公等各种新型产业创新模式所代表的数字经济发展迅速，已经形成了我国经济发展的核心动能。网络接入业务的利润增幅明显下降，网络数据服务收入增势明显。

2020 年互联网及相关服务业细分领域收入对比如表 3.2 所示。

图 3.8 2014—2020 年互联网业务收入增长情况

数据来源：《数字中国发展报告（2020 年）》

表 3.2　2020 年互联网及相关服务业细分领域收入对比

	信息服务	互联网平台服务	互联网接入服务	互联网数据服务
收入	7 068 亿元	4 289 亿元	447.5 亿元	199.8 亿元
同比增长	11.2%	14.8%	11.5%	29.5%

数据来源：《数字中国发展报告(2020 年)》。

4. 数字经济各省市发展遍地开花

各地数字经济蓬勃发展实现新的跨越。2020 年各地区数字经济发展水平基本保持平稳态势，在国民经济社会发展水平较好的地方，数字经济社会发展

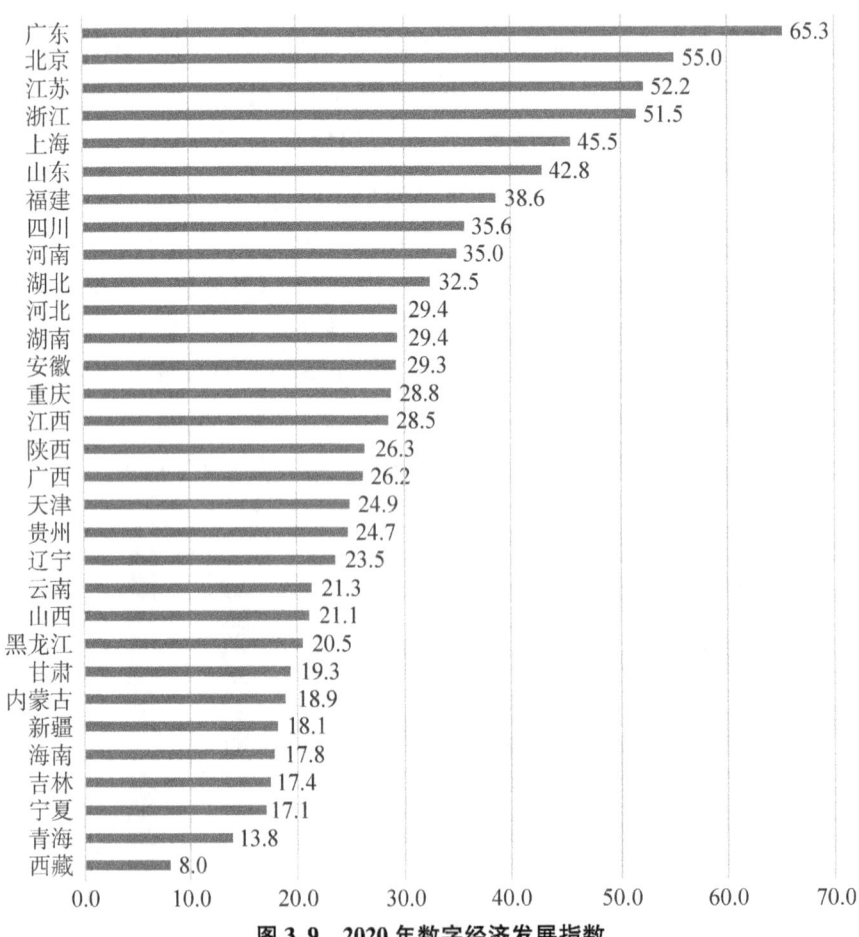

图 3.9　2020 年数字经济发展指数

数据来源：《数字中国发展报告(2020 年)》

也较好。从总量来看,2020年数字经济规模超过1万亿元的省市共13个①,不足1万亿元超过5 000亿元的省市有8个②。从比重上看,北京和上海的数字经济占国内生产总值比重居全国前列,分别占55.9%和55.1%,8个省市数字经济占国内生产总值比重均高于全国平均水平③。从增速来看,贵州、重庆、福建的数字经济增长速度位列全国前三,2020年增速均达到15%以上,8个省市数字经济增速超过10%④,其余省市数字经济增长速度在5%~10%。

根据中国电子信息产业发展研究院计算的数字经济发展指数来看,2020年全国各省市数字经济发展指数平均值为29.6,其中共有10个省市指数在平均值之上,广东省以总指数65.3居全国榜首,北京得分55.0分位居第二位,江苏得分52.2分位居第三位,京津冀、长三角和珠三角地区成为数字经济发展的核心区域,相比于2019年,2020年广西、陕西、云南等西部省份排名有所提高。

3.1.2 中国数字经济发展的特征

1. 新动能作用不断增强,多个核心产业增速

中国数字经济仍然保持巨大的发展潜力,2021年数字经济核心产业包括电子信息制造、软件和信息技术服务等增长速度在20%以上,新能源汽车、工业机器人、集成电路等重要产品的生产数量增长超过40%,电子商务服务、电子通信设备制造等重要领域投资增长20%以上。电商消费和线上线下结合服务的消费方式受到广大用户的欢迎。全国网络零售额6.11万亿元,同比增长23.2%。电信、计算机和信息服务等数字服务贸易大幅增长,全面促进了融资、制造、消费和交易的恢复与扩大,对数字经济新发展的推动力也不断提升。

2. 数据要素市场培育正在走向多点突破和系统建设的全新阶段

中国各地方政府部门完善数据要素市场顶层设计和制度保障,通信服务商、互联网平台、数据服务商组织了数据要素市场运营体系建设,并发展了以"数据分析可用性和隐形性"为核心内容的各种新技术手段,进一步丰富了数据分析资源供给,并创建了专业的流通业务模型和应用场景,行业企业进一

---

① 分别是广东、江苏、浙江、上海、山东、北京、福建、四川、湖北、河南、河北、湖南、安徽。
② 分别是重庆、辽宁、江西、陕西、广西、天津、云南、贵州。
③ 分别是广东、浙江、江苏、天津、福建、湖北、山东、重庆。
④ 分别是湖南、四川、浙江、江西、广西、河北、安徽、山西。

步提高了数据处理能力,加强大数据分析开发利用,并逐步参与到数据市场的流动与交换中。到2023年,共有149家单位实现了数据处理能力与成熟度标准的统一制定,大数据处理价值与分红空间全面开放。

3. 基础建设再造速度加快,在京津冀等重要枢纽节点地区率先启动

基础建设的再造速度加快,随着《全国一体化大数据中心协同创新体系算力枢纽实施方案》和《新型数据中心发展三年行动计划(2021—2023年)》等政策实施计划的陆续出台,我国综合大数据中心算力网络体系初步建立。在京津冀、长三角、粤港澳大湾区、成渝、内蒙古、贵州、甘肃、宁夏等八地建设国家算力枢纽节点,率先探索了区域数据中心的集群建设,突破了计算能力协同调度机制,创新了数据中心市场化运作模式。在国家政策指导下,中国一线城市发布了数据中心总体发展规划或指导纲要,积极推动国家信息中心向高技术、高计算能力、高效率、高安全"四个高度"发展。积极启动IT服务和外围场景技术的集成,并提出多层基础设施系统的发展计划。

4. 先进制造业集群中,四成以数字产业为主导

数字产业作为数字经济发展的核心驱动力,也正成为各地政府谋求"十四五"产业战略的重要选择。政府对集成电路、基础软件、人工智能等数字产业中制定的扶持政策和资金投入也在继续增加。在25个省部级共建的先进制造业集群中,数字产业占40%。数字经济领域上市企业总市值14.5万亿元,共有11家企业进入全球市值前30名。龙头企业充分发挥领头羊优势,通过技术自力更生,积极推进新技术与产业的应用推广,形成了多元化、规模化的国内信息化应用创新生态系统,进一步强化海外布局,加快数字经济的"双循环"。

5. 数字化场景推动数字化转型,新模式、新业态不断涌现

数字场景是现代数字化发展的可行性探讨与有效实现,同时也是数字科技与商品、服务供给、模式创造和价值融合的重要体现。促进数字化场景发展,也成为各地区的建设重点。浙江全面实施数字改革,探索全场景目录,全省"一个账户",急需先行,务实先行。其率先在信贷、交通、企业服务和基层治理方面构建了数字场景演示。上海地区积极推进都市数字化转型,实行数字情景"揭榜挂帅",凸显"高频突发事件,利企利民",共同促进了工业互联网、在线新经济、科技金融服务等领域的数字情景迭代革新,积极地推动了自下而上的改革。

6. 国家数字化治理体系建设提速,数字化治理成效显著

数字经济创造了以网络、数据、算法和平台为核心的新的竞争机制,在开发新主题、新模式和新商业形式的同时,也带来了很多的数字治理问题。面对新的挑战,国家数字治理体系建设加快,进一步落实《网络安全法》《数据安全法》和《个人信息保护法》三大法律支撑,网络平台经济建设、行业数据安全管理和关键基础设施领域的法律法规进一步健全。当前我国各地政府机构利用数字化技术提高政务办事效率,政务服务网络化程度明显提升,各地推行"一网通办"等电子政务平台。多业务主管部门共同开展网络平台反垄断、网络安全核查等行动,组成协调整治力量,主动解决新产业带来的互联网生态建设、网络平台运营、安全性等监管"缺口"。基础整治体现了开拓精神,深圳、上海等地加快探索符合市场和产业需求的良好立法和良好整治的"基层计划",数字经济治理也推动了新的变革进程。

3.1.3 中国数字经济发展趋势

在21世纪的全球经济版图中,数字经济已成为推动经济增长的新引擎。中国,作为世界第二大经济体,其数字经济的发展尤为引人注目。从技术创新、产业升级到政策引导,中国数字经济的每一步都深刻影响着全球经济的格局。本文将从这三个方面详细阐述中国数字经济的发展趋势。

1. 技术创新驱动数字经济持续跃升

技术创新是数字经济发展的核心动力。近年来,中国在人工智能、大数据、云计算、区块链等前沿技术领域取得了显著进展,这些技术的突破为数字经济的蓬勃发展提供了坚实的基础。

人工智能技术的广泛应用,正在深刻改变着各行各业的生产方式和服务模式。在制造业领域,智能机器人、自动化生产线等智能化设备的普及,大大提高了生产效率和产品质量。在服务业领域,智能客服、智能推荐等人工智能应用,正在提升用户体验和服务效率。

大数据技术的兴起,为数字经济的发展提供了丰富的数据资源。企业通过分析大数据,可以更精准地把握市场需求和消费者行为,从而制定更加有效的营销策略。同时,政府也可以通过大数据分析,更加科学地制定政策,提高社会治理的效率和精准度。

云计算技术的普及,正在推动数字经济的规模化发展。云计算提供了强大的计算能力和存储能力,使得企业可以更加便捷地构建和应用数字化系统。这不仅降低了企业的运营成本,还提高了企业的创新能力和市场竞争力。

区块链技术的创新应用,正在为数字经济的诚信体系建设提供有力支撑。区块链技术的去中心化、不可篡改等特点,使得数据更加透明、可信。在金融、物流等领域,区块链技术的应用正在推动行业的数字化转型和升级。

2. 产业升级构建数字经济新生态

数字经济的快速发展,正在推动中国传统产业的转型升级。在制造业领域,数字化、网络化、智能化已经成为制造业发展的新趋势。企业通过引入数字化技术,可以实现生产过程的自动化、智能化和精细化管理,提高生产效率和产品质量。同时,数字化技术还可以帮助企业实现定制化生产,满足消费者多样化的需求。

3.2 中国体育产业发展的演进、现实和特征

在以习近平为核心的党中央的坚强正确领导下,中国经济发展态势稳步提升,运行状况良好有序,民心振奋,在做好国内国际双循环的背景下,统筹经济社会发展和社会安全,宏观措施高位指引,协同推进,需求收缩、供给冲击、预期转弱这三重压力都得到了缓解。

在世界经济发展进入深度调整期的背景下,中国经济发展依靠党中央的正确领导,充分发挥自身优势,政策措施科学有效,不但中国经济高质量发展取得喜人效果,同时对世界经济发展也贡献了中国力量,体现出大国担当。在相当一段时间内,受多种因素影响,世界经济下滑严重,但是中国经济展现出强大的生命力,使得中国经济社会不断复苏,成为世界经济拉升的推进器。

3.2.1 中国体育产业的发展

我国体育产业发展的起步较晚,但发展速度较快,产业领域不断扩展,产能不断提高,在国际上的地位也不断上升。按照经济大事件发生的时间节点,1978年改革开放、1992年确立市场经济发展目标、2001年加入WTO、2012年"十二五"规划实行,可将中国体育产业划分为以下五个阶段:1978年以前,原始阶段;1978—1992年,萌芽阶段;1992—2001年,起步阶段;2001—2012年,高速发展阶段;2012年至今,稳定发展阶段。

1. 原始阶段(1978年前)

1978年之前,我国处于计划经济体制时期,此时还未提出体育产业的概念,体育产业尚未形成。但我国在这时已经进行了一系列尝试,为以后的体

育产业发展奠定了坚实的基础,比如1952年出征奥运会,1969年参加第一届全运会,有些尝试,虽然并未取得很好的结果,却也有着很重大的意义。从1949年中华人民共和国成立到1978年,我国体育产业的发展主要是依靠政府干预,通过合理分配人力、财力、物力来达到理想中的效果,这段时期我国体育产业是与计划经济体制密不可分的。在这期间,体育产业发展主要表现为以下几点:(1)我国高素质的体育队伍逐渐建立。(2)一批体育馆逐渐建成,通过统计资料可知,改革开放以前,中国一共建成了大小运动场和体育馆261座,连同1949年前遗留下来的运动场和体育馆,截至1978年,中国已经建有运动场和体育馆共287所。说明在这期间,我国还是有较强的建立运动场所的意识。(3)我国还培养了一批专业的运动员,比如举重运动员陈镜开,1956年成为第一位打破世界纪录的中国大力士,一生打破十次或大或小的举重比赛纪录,国家也曾授予他五次荣誉奖章,是新中国60余年体育史上最具影响力的人物;再比如射箭运动员李淑兰,被人称为"女神箭手",1963—1966年,她共17次打破8项女子射箭世界纪录,成为我国打破世界纪录次数最多的运动员,给祖国人民带来了很多荣耀,并曾4次获得国家体育运动荣誉勋章。

2. 萌芽阶段(1978—1992年)

1978—1992年是我国体育产业发展的萌芽阶段,在这一阶段,体育不再是单纯地消耗社会资源,而是开始寻找新的出路,一些活动由此相继展开,这些活动在很大程度上给社会和经济创造了效益。1979年,国际奥委会通过综合考虑,恢复了中国在国际奥委会的合法席位,为我国新时期体育产业的发展铺平了道路。1980年,我国首次成功组队并参加在美国普莱西德湖举办的冬季奥运会。1984年,我国在改革开放后首次组队正式全面参加夏季奥运会。20世纪80年代,在党的十一届三中全会精神指引下,我国体育制度进行了各种改革,体育管理制度、群众体育制度、竞赛训练制度、体育科技制度等同时进行了全面改革,体育产业得到了较为健康的发展。80年代中后期,我国从发达国家的体育产业中得到启发,其中影响最大的是洛杉矶奥运会商业运作模式,人民对国家体育管理体制改革的愿望越来越强烈,许多体育人主张"以体为主,多种经营"和"事业型"向"经营型"转变的体育发展模式,社会要素开始广泛参与体育经营,如企业事业单位、社会团体组织和青少年体育培训教育等相关项目活动得到开发经营,特别是我国沿海城市,健身娱乐体育行业更是开始步入快速发展阶段,体育产业雏形初现。统计数据显示,在我国体育产业萌芽期间,体育产业各项收入总共达到 16 亿元,年均增长额达到 493.7 万元,体育用品年出口额最高达 3 亿元,创下从未有过的历史纪录。这一时期,我国经济不断加快发展步伐,产业结构进行了不断的优化与调整。市场服务行业需求开始凸显,以体育培训、健身、娱乐、表演为主要内容的体育产业有了一定市场,但人们对体育消费的意识还不高,体育产业尚未形成规模,体育更多的是服务经贸活动开展的手段。

3. 起步阶段(1992—2001 年)

1992 年 10 月,党的十四大提出"我国经济体制改革的目标是建立社会主义市场经济体制",自此我国明确开始了建立社会主义市场经济的进程,我国的体育产业也同时进行了一系列的改革。1993 年,全国体委主任会议制定了《关于培育体育市场加快体育产业化进程的意见》,确立了体育要"面向市场,走向市场,以产业化为方向"的基本思路。两年后,《体育产业发展纲要》问世,确定了我国体育产业包括体育主体产业、体育相关产业和体办产业,这是中国历史上第一次对体育产业进行了较为专业的阐述。1996 年,《中华人民共和国国民经济和社会发展"九五"计划和 2010 年远景目标纲要》进一步明确要求我国体育产业要走社会化道路,同时也应该对经济有所贡献。在此思路的指引下,国家体委加快了俱乐部职业化改革的速度,希望通过该项改革促进体育产业的发展,使我国经济更上一层楼。在这期间我国各项体育产业都有了较大进步,其中比较明显的是体育场馆业、运动竞赛表演业、体育健身娱乐业、体育中介业、体育彩票业。

在上海体育馆实践经验的基础上,各个省市开始进行了体育馆业的改革,认为体育馆应该实行由"事业型"到"经济型"的转变,并且体育馆不能仅仅关注体育事业,还应该发挥其多种经营的作用,体育馆改革是体育产业改革的"试验田"。

运动竞赛表演业也有了较大的发展,随着我国对运动竞赛表演业的需求增加,越来越多的国外俱乐部进入我国,我国经济较为发达的北上广等城市,也逐渐开始举办商业国际赛事,吸引了一批资金的流入,促进了我国经济、文化、体育等事业的发展,这期间商业性体育赛事成为新的焦点。

与此同时,我国民众的"全民健身"概念开始普及,一大批如青鸟、英派斯等知名的体育健身公司开始建立,体育健身的市场需求不断增长,体育健身业不断开拓业务范围,包括极限运动、时尚运动等。在消费阶层上,体育健身向平民靠拢,不再是少数人的运动;在投资主体上,形成了以私营经济为主,国家、社会、集体、个体私营和中外合资、外商独资多种经济形式并存的格局。

1994年IMG进入中国市场,1997年希望国际体育经纪有限公司在上海创立,这是我国历史上第一家体育经纪公司,主营业务是体育经纪策划交流及咨询服务。同时,广州的广东鸿天体育经纪有限公司也在业内崭露头角,我国的体育中介业在这段时期得到了一定的发展。1994年4月5日,体育彩票管理中心正式成立,我国的体育彩票不再分散与混乱,体彩中心对此进行了统一管理,我国体彩产业开始进入正式发展阶段。

4. 快速发展阶段(2001—2012年)

2001年申奥成功让国人的自豪感与凝聚力空前高涨,同年,我国在经过15年的艰苦努力后也顺利加入了WTO,新世纪我国体育事业与经济一起腾飞,拉开了我国体育产业规模化、资本化、规范化的大幕。在这期间,国家层面颁布了许多相关政策,如《关于加快发展体育产业的指导意见》《体育产业"十二五"规划》等,这些政策都要求加快体育基础设施建设、体彩规范化建设、体育用品多样化建设、高校体育建设等,在极大程度上促进了我国体育产业的发展,为我国体育服务业的腾飞奠定了基础。

5. 稳定发展阶段(2012年至今)

2012年至今,我国体育产业规模不断扩大的同时,产业结构也得到了优化。2019年之前,始终是体育用品业规模超过体育服务业,说明我国体育产业发展的局限性较大;从2019年开始,我国的体育服务业逐渐赶超体育用品业,说明第三产业开始占据主导地位,我国的体育产业结构有了较大的改善。在此期间,国家体育总局对我国体育产业规模、从业人数、增加值等都提出了明确的要求,各级单位按照要求来发展体育产业。

2016年,国家体育总局提出要发展体育旅游,打破了原本大家的认知观,让体育产业突破其舒适圈,给了体育产业从业者新的思路与发展途径。许多体育机构与资方根据该指导意见,创建全新的体育旅游类节目,多方面促进了体育产业的发展。比如说鹤岗市文体广电和旅游局与鹤岗电视台联合开办了一档体育节目"文体旅游1+1",目的是向广大体育爱好者普及体育知识,为体育爱好者提供交流平台,参与推广体育公益事业,直播体育重大赛事,为广大观众带来体育的无限魅力。许多观众看了该档节目后,萌生了体育旅游的想法,促进了经济发展。

3.2.2 中国体育产业的现实解构

1. 总体规模

体育产业总产出与增加值可以从两个不同角度来衡量体育产业的发展,结合这两者进行分析,将更加全面具体地发现现阶段体育产业存在的问题,并且看出我国体育产业的发展趋势。我国的体育产业规模在近些年来不断扩大,根据国家体育总局最新数据显示,从我国体育产业的市场规模及增长率来看,我国体育产业呈增长态势。全国体育产业总产出从2015年的1.7万亿元增加至2020年的3万亿元。多年来,我国体育产业总产值增速始终维持在10%以上的水平,远高于同期GDP增速。选取2012—2021年我国体育产业总产出和增加值绘制成图,如图3.10和图3.11所示。

图3.11显示,近些年来我国体育产业增加值呈持续上升态势,说明我国体育产业在近些年发展速度较快,效率较高,该行业的潜力较大,根据过往的数据,国家体育总局保守估计未来三年内行业整体将继续维持稳健的增长水平。

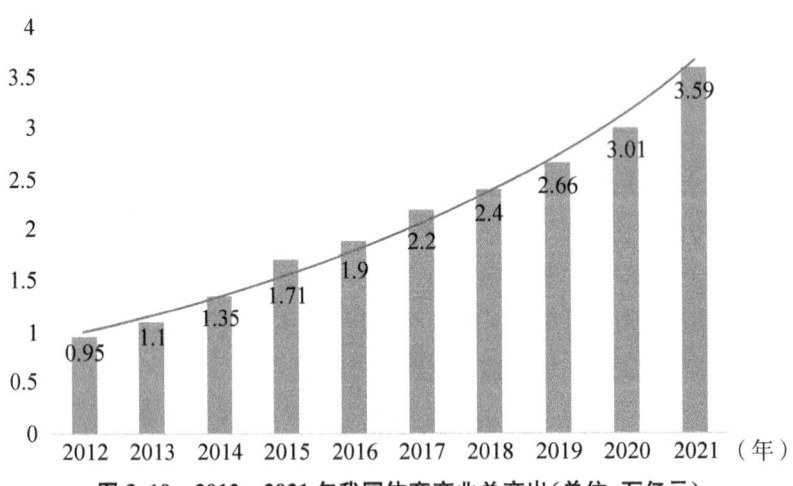

图3.10 2012—2021年我国体育产业总产出(单位:万亿元)
数据来源:国家统计局

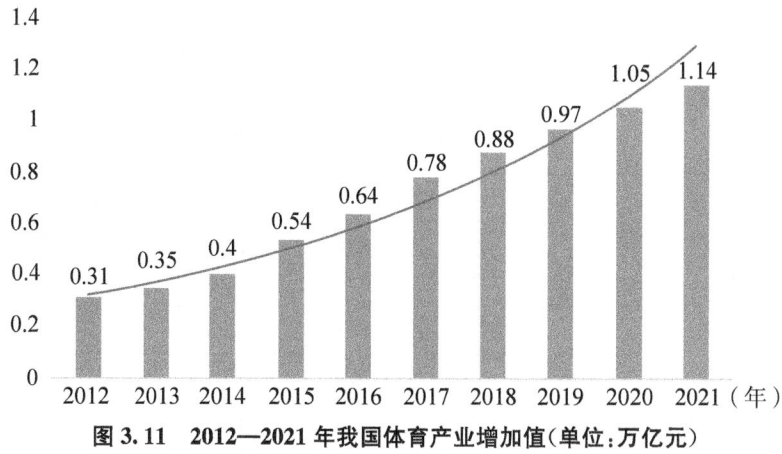

图 3.11 2012—2021 年我国体育产业增加值(单位:万亿元)
数据来源:《数字中国发展报告(2020 年)》

2. 行业结构

从内部结构上说,我国将体育产业细分为三大主要产业,分别是体育服务业、体育用品及相关产品制造业、体育场地设施建设这三大产业。近年来,国家体育服务业发展势头增强。2019 年,全国体育服务业总产值 14 929.5 亿元,在体育产业中的比重提高到 50.6%,比上年提高 2.7 个百分点。体育服务业总产值已超过体育用品及相关产品制造业,产业结构发生变化,改变了早年体育制造业占体育产业总产值比重较大的局面。根据 2020 年的数据显示(见表 3.3),体育服务业占体育产业的比例为 51.6%,其次是体育用品及相关产品制造,占比为 44.9%,最后是占比最少的体育场地设施建设,占比 3.5%,体育服务业中,体育用品及相关产品销售、出租与贸易代理占比最多,

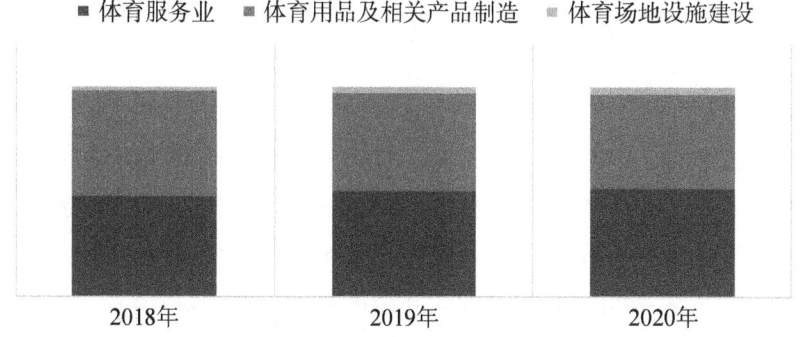

图 3.12 中国体育产业总产出产业结构情况
数据来源:《数字中国发展报告(2020 年)》

为16.5%,可以看出体育产业的主体是体育服务业和体育用品及相关产品制造业,进一步细分领域看,体育用品及相关产品销售、出租与贸易代理为所有细分项中占比最多的项目。

表3.3 2020年全国体育产业状况

体育产业类别	总产出		增加值		
	总量/亿元	构成/%	总量/亿元	构成/%	增速/%
体育产业	27 372	100	10 735	100	−4.6
体育服务业	14 136	51.6	7 374	68.7	−3.2
体育管理活动	880	3.2	459	4.3	1.5
体育竞赛表演活动	273	1	103	1	−15.6
体育健身休闲活动	1 580	5.8	736	6.9	−11.5
体育场地和设施管理	2 149	7.9	808	7.5	−20.2
体育经纪与代理、广告与会展、表演与设计服务	316	1.2	98	0.9	−16.9
体育教育与培训	2 023	7.4	1 612	15	5.7
体育传媒与信息服务	847	3.1	339	3.2	18.9
体育用品及相关产品销售、出租与贸易代理	4 514	16.5	2 574	24	0.5
其他体育服务	1 554	5.7	645	6	−8.8
体育用品及相关产品制造	12 287	44.9	3 144	29.3	−8.1
体育场地设施建设	948	3.5	217	2	2.4

数据来源:《数字中国发展报告(2020年)》。

3. 区域分布

我国体育产业不断发展,势头良好,但受不同经济水平的影响,体育产业发展在地域上出现了"东部一枝独秀,东北和中西部偏弱"的发展特征,在体育产业发展过程中,东部、中部、西部呈阶梯状演变态势,东部的确借助改革开放等一系列政策支持,并且受到良好经济基础的带动,在体育产业发展上要远远好于中西部地区,体育产业的潜能不断得到释放,体育产业创造的效益日益增加。其中,以珠三角、长三角、北京为首的东部地区的体育产业的发展尤为突出,相对比之下,西部体育产业的发展较为滞后,且差别明显。

表3.4 中国各省市体育产业竞争力排行表①

排名	省市	产业发展水平	经济发展水平	市场基础条件	综合得分
1	广东	2.46	1.15	−0.99	1.5
2	江苏	1.8	0.91	0.02	1.21
3	山东	2.77	−0.06	−0.98	1.12
4	北京	−0.81	2.49	3.25	0.98
5	上海	−0.68	3.03	−0.25	0.93
6	浙江	0.73	1.64	−1.03	0.27
7	辽宁	0.63	−0.19	0.65	0.17
8	福建	0.01	0.4	−0.12	0.1
9	河南	1.07	−1.32	1.67	0.09
10	四川	0.88	−0.87	0.64	0.06
11	湖北	0.44	−0.52	0.81	0.06
12	天津	−1.06	1.32	−0.37	0
13	河北	0.65	−0.78	0.45	−0.1
14	湖南	0.18	−0.58	0.68	−0.13
15	内蒙古	−0.42	0.34	−0.78	−0.13
16	安徽	0.07	−0.49	−0.02	−0.18
17	重庆	−0.36	0.17	−1.13	−0.22
18	陕西	−0.38	−0.45	1.16	−0.23
19	广西	−0.19	−0.42	−0.1	−0.28
20	山西	−0.27	−0.39	−0.42	−0.34
21	吉林	−0.38	−0.58	0.63	−0.35
22	黑龙江	−0.15	−0.75	0.24	−0.36

---

① 胡效芳等学者从产业发展水平、经济发展水平、市场基础条件等三个层面构建了中国体育产业区域竞争力综合评价指标体系,并采用因子分析法对中国31个省的体育产业竞争力进行综合评价分析得到表3.4结果。

续表

排名	省市	产业发展水平	经济发展水平	市场基础条件	综合得分
23	云南	−0.25	−0.59	0.07	−0.36
24	江西	−0.22	−0.61	0	−0.37
25	贵州	−0.6	−0.51	−0.42	−0.54
26	新疆	−0.78	−0.65	0.34	−0.59
27	宁夏	−1.27	−0.04	−0.37	−0.63
28	甘肃	−0.73	−0.78	0.09	−0.66
29	海南	−1.06	−0.37	−0.43	−0.68
30	青海	−1.08	−0.34	−1.21	−0.77
31	西藏	−1.03	−0.16	−2.11	−0.78

数据来源：《数字中国发展报告(2020年)》。

从表3.4可以看出,中国体育产业存在着明显的区域差别：东部地区的北京、上海、广东等省市处于第一梯队,中部地区位于第二梯队,西北地区除陕西处于第二梯队外,其余则大多位于第三梯队。中国"十四五"规划意见提出,到2035年建成体育强国、健康中国,国民素质和社会文明水平再上新台阶,文化软实力显著增强。体育产业市场空间大,各省市根据自身体育产业的发展进程,在"十四五"规划中多次提到体育,着力建设体育强省。

从体育产业国税A级纳税人数目视角也可以看出中国体育产业存在很大的区域差别,根据企研数据的调查结果显示,北京市体育产业国税A级纳税人数目为12 111,广东省体育产业国税A级纳税人数目为9 371,浙江省体育产业国税A级纳税人数目为8 810,江苏省体育产业国税A级纳税人数目为7 410,山东省体育产业国税A级纳税人数目为6 908,上海市体育产业国税A级纳税人数目为4 572,福建省体育产业国税A级纳税人数目为3 152,天津市体育产业国税A级纳税人数目为3 143,四川省体育产业国税A级纳税人数目为2 949,河北省体育产业国税A级纳税人数目为2 553。一个地区体育产业国税A级纳税人数目越多,说明该地区的体育产业发展越好,本书列举出了排名前十的城市,可以发现长三角、珠三角、北京等地区的纳税人数目较多,说明这些地区的体育产业发展是要快于中西部地区的。

3.2.3 我国体育产业的特征

1. 我国体育产业地域发展呈"东强西弱"态势

我国体育产业在近些年期间不断发展,但存在着东、中、西部发展不平衡的问题,东部地区的体育产业发展速度要显超中西部地区。其中,以珠三角、长三角、北京为首的东部地区的体育产业的发展尤为突出,相对比之下,西部地区体育产业的发展较为滞后且差别明显。这可能是与地区经济紧密相连的,珠三角、长三角、北京的经济发展速度较快,基础设施建设较好,民众的思想观念比较先进,接受度比较高,所以体育产业的发展也较快。

2. 体育产业结构逐步优化

在国外,体育服务业和体育用品业是两大体育支柱产业,体育服务业是核心产业,体育用品业属于外围产业,体育服务业的发展水平直接影响着体育用品业的发展水平。在我国,体育产业在演进过程中结构发生了变化:2019年之前,我国始终是体育用品业的产值超过体育服务业,说明我国体育产业发展的局限性较大;2019年开始,我国的体育服务业的产值逐渐赶超体育用品业,我国的体育产业结构有了较大的改善。

3. 体育产业发展特色化将成竞争着力点

依托地区资源优势走特色发展之路,才能推动地区体育产业实现差异化发展。如吉林省借助冰雪资源优势,大力发展冰雪旅游,2018—2019年冰雪季,全省实现旅游收入1 698.08亿元,同比增长19.43%,冰雪旅游已成为其带动地方经济发展的重要力量。太舞滑雪小镇、绍兴柯桥酷玩小镇、平湖九龙山航空运动小镇等一批体育特色小镇也持续涌现,成为所属地区主打的体育品牌。因地制宜走特色发展道路,打造特色体育IP,将是各地区提高体育产业竞争力的重要着力点。

4. 体育品牌助力效果明显

近几年,独具中国特色的民族体育品牌无论是在助力国民体育运动,还是在积极响应全民健身战略,引领中国体育产业转型升级方面都作出了巨大的贡献。比如,身为体育行业先锋品牌的铭弘体育,肩负起了引领、推动行业高水准发展的重担,其自主研发出第三代一体化成型橡胶卷材,完成从传统塑胶跑道到预制型橡胶卷材的转型,推动中国环保运动地材生产和施工的产业升级。体育品牌与体育产业是密不可分的,二者相辅相成,体育行业发展得越好，体育品牌就有更多的消费者买单，体育品牌发展起来后，就会促进体育产业升级。

5. 体育服务业潜力无限

近些年来，体育服务业发展十分迅速，赶超了曾作为体育产业大头的体育用品业，在发展前景上具有无限的潜力，值得引起重视。随着我国社会的发展，越来越多的人投入体育锻炼中，各个体育品牌发展得也越来越好。比如说爱奇艺推出的一档真人秀节目"冬梦之约"就邀请了当红明星陈伟霆和体育新星谷爱凌作为嘉宾，邀请他们与专业教练一起探索滑雪的乐趣，让参与者进行1对1大比拼，吸引观众的眼球。并且在滑雪的同时，加入音乐元素，让"燃"成为该节目的一大看点，让观众在观看令人热血澎湃的滑雪运动时，能够体会到音乐带来的感动。许多陈伟霆、谷爱凌的粉丝看了这个节目后，会购买相关的体育用品、去体育运动场所参与和偶像一样的运动，能带动体育行业的整体发展。体育服务业是一个潜力巨大、利润巨大的产业，且该产业还未达到顶峰，仍有广阔的发展前景。

6. "体育＋互联网"模式流行

近些年来，互联网发展十分迅速，我国许多行业的发展都离不开互联网，比如金融、医疗、农业、工业等，可以说互联网是各行各业发展的强有力的依托，体育行业也不例外。未来一段时间内，借助互联网的东风，"体育＋电竞"可能会发展得十分迅速，电竞是随着互联网而生的产物，资方很可能将目光聚集在这两类产业的融合上，该项目具有巨大的投资价值，从项目的研发、游戏赛事的举办到直播媒体平台，再到下游庞大的游戏用户，每一个环节都有可能迎来巨大商机。

7. 体育健身休闲、电子竞技、互联网体育等仍将是资本关注重点

体育健身休闲、电子竞技、互联网体育等仍将是资本关注重点。自2015年开始，投资机构、体育企业、行业巨头、初创企业等纷纷布局体育市场，各路资金更是持续涌入。根据统计，我国现有体育产业类基金超40只，基金总额超800亿元，2015—2019年，累计投融资案例超过900起，披露投融资金额超800亿元，其中，体育健身休闲、互联网体育、体育教育与培训、体育游戏-电竞等领域投融资案例数量及金额处于相对领先地位。尽管自2016年起体育行业投融资活跃度逐步降低，投资者更趋理性，但随着全民健身战略深入实施以及信息技术赋能体育产业，体育健身休闲、互联网体育、体育教育与培训、

电竞等领域具有独特运营模式、成长潜力大的创新型企业仍将是资本未来关注的重点。

8. 体育发展呈现新模式

随着我国社会经济的发展,各方面都发生了翻天覆地的变化,各项产业不仅在产业结构上发生了变化,在发展策略、发展前景上都有了很大的改变,体育产业也发生了很多变化。最近几年,"体育+"变得蓬勃发展,"体育+互联网""体育+旅游""体育+电竞""体育+音乐"等都十分流行,不同的"体育+"项目能促进不同人群进行消费,对于擅长互联网的创业者,可以利用"体育+互联网"不断寻找新的商机;对于喜欢旅游的人,体育与旅游不再是泾渭分明的两件事了,大家可以在旅游的同时进行健身,既拉动了旅游消费,也促进了体育产业的发展。比如说可以在登山中达到旅游与健身两种目的,既购买了登山装备,又在登山中进行了消费;对于热爱电竞的人来说,可以在体育中享受电竞,在电竞中享受体育,比如 Switch 的健身环,算是健身器材的购买,也算是游戏设备的支出,对两类产业都有着正向的影响。

3.2.4 体育产业高质量发展面临的问题

1. 体育智能制造和跨界融合有待加强

依托制造业全球配置资源的优势,中国体育产业已建成较为齐全的体育门类体系,在体育用品及器材制造、运动车船及航空运动器材制造、体育相关用品及设备制造方面都形成了集聚优势和规模优势。但是从整体上看,这些企业的智能制造水平和产品类别还有上升空间,主要表现在智能装备企业、可穿戴运动设备、智能运动装备、冰雪装备器材、家庭小型健身器材等产业尚未形成自身的核心竞争优势,产业链、创新链、价值链没有实现高度融合;在产业融合上,目前虽然有阿里体育、中国移动等企业参与数字赋能试水,推动体育民生与旅游、医疗、教育等产业跨界融合发展,但是效果并不显著,中国体育智能制造的研发水平和发展"互联网+"的跨界融合能力有待加强。

2. 体育民生数字化率有待提高

从国际范围来看,2019 年发达国家数字经济规模占 GDP 的比重已达 51.3%,而 2019 年中国的这一占比为 36.2%,可以看出与主要的发达国家还有相当大的差距。从中国来看,数字技术的应用范围较为局限,主要集中在制造业、公共服务、教育、交通等方面,而数字红利的效应在体育产业领域还未得到充分发挥；从供给侧看，与体育民生息息相关的公共体育服务的数字化服务应用还不充分；智能装备、赛事监测、智能身份识别、网络数字转播技术、智能贩售系统、智能样本工厂、智慧门店等智能化、数字化技术并没有广泛使用；从需求侧看，虽然体育智能设备可以极大地提高运动的舒适性、操作性和可视化性，但是目前智能装备的普及率并不高，尤其是高端智能装备的需求，比如运动手机、智能自行车等普及率都较低。

3. 体制机制改革落后

体育产业高质量发展，离不开健全的体制框架和宽松的制度环境。我国体育产业发展起步较晚，相关规制仍需完善。尽管我国有相关的法律法规对体育企业进行规制，但仍存在法律空白，部分体育法律制度，由于缺少具体的方法和程序，使得实际操作性不强，无法付诸实践。在管理方面，体育行政管理部门同下属体育企事业单位并没有做到政企分开、政事分开、管办分开，经营性体育产业同公益性体育产业的边界不清，公共管理和公共服务职能不到位；在监督方面，企业资格准入机制和退出机制不健全，体育产品和服务质量标准体系不健全，当前的体育市场环境尚未形成多方共赢的局面。

第四章　数字经济影响体育产业高质量发展的机制分析

从经济学的视角看,和数字经济产业发展相关的理念有:技术创新理论、产业融合理论、创新驱动理论、区域均衡发展理论和内生经济增长理论。从数字经济对产业高质量发展的影响机制看,主要集中在规模效应、成本降低效应、平台经济效应、提升产业效率几个层面。本章从这几个层面具体分析数字经济影响体育产业高质量发展的直接影响机制,同时消费水平和人力资本结构是影响体育产业发展不可或缺的重要因素,本章还将从消费水平和人力资本结构的视角,分析数字经济影响体育产业高质量发展的中介机制。

4.1 相关理论基础

4.1.1 技术创新理论

熊彼得在他的经济学著作《经济发展理论》中以一个系统的论述提出了技术创新理论,并对"创新"做出了独特释义。在他的观点中,所谓"创新"是让生产要素和条件达到一个新的组合,构建出有别于旧的生产函数,并引入到生产体系之中,旨在未来获得可能的超额回报。技术创新理论认为经济发展有别于经济增长,经济增长是于外部实现投入劳动力和资本数量的变化,这只是旧有模式的延续,而经济发展的实质在于以一种全新的方式组合生产要素或生产条件,即创新。同时,技术创新活动也不是孤立出现的,它既依赖于企业家或起企业家作用的组织机构的创新主体,也需要一定的社会经济条件。优秀的企业家需要具备创新精神,来为经济发展中的创造性突破提供源源不断的动力和智力基础,因此培养一支出色的、具备创新精神的企业家团队,对技术创新有着关键性作用。政府实施的技术创新政策对社会经济条件有着重要影响,政府需要营造出一个良好的创新环境,以更加高效地整合有限创新资源,培养社会创新潜力。

技术创新理论在数字经济与经济高质量发展中扮演着关键的指导角色。传统产业实现智能化、自动化的转型升级,可以通过数字化技术创新在数字经济中的广泛应用来促进。智能制造、工业互联网等新兴模式的应用,使得企业能够更好地整合资源、优化流程,从而在降低成本的同时提高产品质量和整体竞争力。这样的生产效益提升,使优质经济发展的基础更加牢固。

4.1.2 产业融合理论

产业融合理论近年来被广泛应用于经济发展与产业调整,它揭示了不同产业间或同一产业中的不同企业间相互渗透和交融,并逐渐形成一个动态发展的新产业的过程。自20世纪90年代备受关注以来,其研究重点和研究领域逐步发生变化,从最初的产业间渗透、边界模糊化逐步拓展至产品和市场整合,从电信通信等核心领域逐渐延伸至金融、房地产等相关行业。在这个进程中,技术创新、市场需求、管制放松和跨行业并购成为其主要的驱动力。产业融合对于经济社会意义重大。产业融合通过消除产业之间的壁垒,实现产业之间的优势互补和共同发展,不同产业间的联系更加密切,从而促进了产业链的延伸和拓展。不仅如此,产业融合还促成了新的产业形态和经济增长点,提高了整个产业链的附加值和竞争力。技术、资金、人才等资源在产业融合的进程中实现的流动和整合,为创新提供了更加广阔的平台和机会。不同产业间的技术和知识相互借鉴和融合,可以激发新的创意和创新,推动技术进步和产业升级。这种创新不仅体现在产品和技术上,还体现在管理模式和商业模式上,从而推动经济迈向高质量发展。

随着数字化技术的广泛应用,传统产业向智能化、数字化方向转型,产业的整体竞争力和可持续发展能力都将得到提升。通过这一理论的指导,可以进一步打破产业间的技术壁垒,不同技术的相互学习借鉴将促进更多新兴产业的诞生和发展,同时也可以更好地利用不断发展的人工智能、大数据等新技术,实现高质量的经济发展。

4.1.3 创新驱动理论

创新驱动理论就是以技术变革提高生产要素产出率,从而推动经济社会发展,依靠科技创新带来的效益,实现增长方式的集约化。以创新驱动发展为第一要务,致力于传统产业的转型升级。这就意味着,要广泛推动那些占据优势地位的传统产业转型升级,积极推动新技术与这些产业的深度融合,以此来激发传统产业的新活力,使其潜在的新动能得以释放。加快培育和发展新兴产业,意味着要深入执行创新驱动战略和"互联网+"等发展规划,集中力量发展高端装备、电子信息、生物医药等具备高度竞争力的新兴产业,为经济发展注入新的活力。另外,还需要注意科技成果的转化与应用。

创新驱动是数字经济的显著特征。大数据、人工智能、区块链等新技术相继得到显著发展,为创新型企业和新商业模式的出现提供了契机。这些技术带来的创新成果不仅使人们迸发出更多的想象力和创造力,也推动了原有产业的换代升级,为经济发展带来了无限可能。数字经济通过新技术、新理念的引入,使传统产业紧跟时代步伐,在新的时代条件下焕发出新的生机与活力,为传统产业的转型提供了创新的动力。因此,以创新驱动理论为指导,能够更精准地理解数字经济对于经济高质量发展的作用机制。

4.1.4 区域均衡发展理论

区域均衡发展理论主要认为经济之间既存在双向制衡,也存在两相支撑,并且这两种关系以一定比例存在。该理论期望实现的是空间内各个系统的均衡化发展,包括不同区域、同一区域内部、不同产业以及同一产业内部的均衡发展。为了实现这一期望,首先,需要资本、技术和劳动力三种生产要素,在自由市场竞争机制下流动导致各要素收益的平均化;其次,推动三种要素达到最高边际报酬率;最后,推动各地区经济均衡增长。因此,虽然各地区的要素禀赋和发展程度不尽相同,但高工资的地区显然会对劳动力有更高的吸引力,诱使劳动力流向它们。同样的道理,为了获得更多资本利得,资本会从工资水平较高的发达地区流向工资水平较低的欠发达地区。要素收益平均化和地区经济平衡增长,都要归功于要素的自由流动。但实际上,这些要素的流动总会受到一定程度的阻碍,需要政府通过"有形的手"进行调控。政府可以综合考量不同地区经济、资源、文化等方面存在的差异性,因地制宜实施相应政策,尽可能保证不同区域发展的相对公平。

结合区域均衡发展理论,数字经济的发展显然能够更深程度地打破地区间分散独立的状态,扩大消费市场规模。而数据资源对实现全产业链互联互通、共建共享具有相当正向的作用,由此促进产业均衡与协同发展也是必然结果。另外,数字经济通过加快要素自由流动,借助市场自动调节机制降低了要素配置成本,打破了创新要素流动壁垒,为经济提供了优质发展、持续发展的新动力。

4.1.5 内生经济增长理论

内生经济增长理论主张经济能够自我驱动实现持续增长,且实现这一目标最关键的因素是内生技术进步。技术进步、人力资本投入等都属于内生性变量,都是关键的驱动因素。该理论与新古典经济增长理论的完全竞争和边际收益递减假设恰好相反,强调不完全竞争和收益递增,为解释经济增长提供了新的视角和工具。该理论强调技术进步和知识积累在经济增长中的核心作用。根据该理论,政府可以通过增加教育投入、鼓励研发创新、完善市场机制等一系列政策措施来促进经济增长。这些政策措施能够刺激企业和个人激发自己的创新活力,从而实现技术进步和产业升级,促进经济增长。除政府以外,企业也应当充分发挥自己的能动性。企业依托研发升级技术来提高生产效率、降低成本,促进产品质量和服务水平的提高,促进企业市场竞争能力的提升。

数字经济通过促进技术创新来提升效率与创造新市场,直接体现了内生经济增长理论的核心观点。作为一种基于信息和通信技术的新型经济形态,其发展对技术进步和人力资本的积累起到了重要的推动作用。数字经济的发展促进了各个领域的数字化、智能化和自动化,提高了生产效率和效益,更是直接作用于经济的高质量发展。

4.2 数字经济对体育产业高质量发展的直接影响机制

4.2.1 规模效应

数字经济发展会带来生产方式和生产技术的重大变革,表现在推动体育产业向规模化、专业化发展(李荣日等,2024)。首先,数字信息技术与产业发展相融合,用人工智能、物联网、大数据等信息技术改造传统体育产业,降低体育产品的生产成本,缩短新产品的开发周期,促使数字技术在体育产业链上形成标准化的"生产要素",使得传统体育产业得到规模化发展,不断提升体育产业的生产率(李志萌等,2020);其次,新的数字信息和技术赋能体育产业,可以发挥信息整合、要素积累和资源贡献的作用,推动产业链上下游的高效协作,提升体育产业规模化的生产效率,推动其高质量发展(罗佳意,2023);最后,数字经济的发展需要大规模的基础设施投入才能保证其效能正常发挥,这种规模扩大和技术升级必将带来体育产业的规模化生产,提升产业的全要素生产率,实现体育产业的高质量发展(汪艳等,2018;柴王军等,2023)。

4.2.2 成本降低效应

数字经济和体育产业的有效融合,可以打破产业边界,推动产业融合发展。首先,降低生产成本。信息技术的快速发展,如云计算、物联网、大数据能够使得生产信息、市场信息、资源信息、渠道信息在一定程度上实现共享共用,克服了信息在距离和空间上的限制,从而可以推动生产成本的大幅度降低,进而提升体育产业的全要素生产率(王璇等,2023)。其次,降低搜寻成本。与数字经济相关的互联网技术、大数据技术具有实时性与及时性的新特征,可以实现体育企业与相关的上下游企业的及时互动沟通(程宇飞等,2023),可以推动具有水平化生产方式和垂直化生产方式的企业形成产业集聚,并建立高效的信息网络渠道,降低了集聚企业间的搜寻成本。

4.2.3 平台经济效应

打造体育产业发展的综合平台,是体育产业高质量发展的新模式。一方面,通过平台建设,体育企业可利用数据采集和有效算法广泛链接产品服务供应商、线上消费者和平台商等生态参与者,使得不同的参与者可以通过平台和网络建立链接,这种链接可以跨越时空和地理界线发挥作用,平台上的消费者达到了一定极限值以后就可以大幅度降低运营成本,弥补数字技术的投入成本,从而大大提升体育产业高质量发展的空间(周结友等,2024)。另一方面,供应商可以通过数据技术和场景模拟,精确捕捉潜在的消费需求,并通过平台提供有效的体育产品或服务供给,满足体育消费者多样化、柔性化的需求,提升了体育产业的供给质量(黄菁等,2024)。

4.2.4 效率提升效应

利用数字要素具有的无限指数型优势,可以实现体育企业生产效率的全方位升级。一方面,从企业本身看,数字技术赋能体育企业全方位多角度的数字化改造,通过智能化、自动化方法挖掘海量数据背后的逻辑关系,深入分析消费者行为,可以优化体育产品的工作流程和管理决策模式,实现资源的合理和有效利用,提高企业内部与企业间的运营协调度与配合度,提升体育企业经营效率与竞争力(钟倪等,2023)。另一方面,从产业角度看,数字要素作为第五大生产要素,成为体育产业高质量发展的核心资源,为体育产业的高质量发展注入新动能(杨松等,2022)。推动要素生产数字化和过程数字化,打破产业链条上下游间的信息不对称问题,深化体育制造和体育服务不同业态模式间的协作,从而推动体育产业高质量发展。数字经济影响体育产业高质量发展的直接机制如图4.1所示。

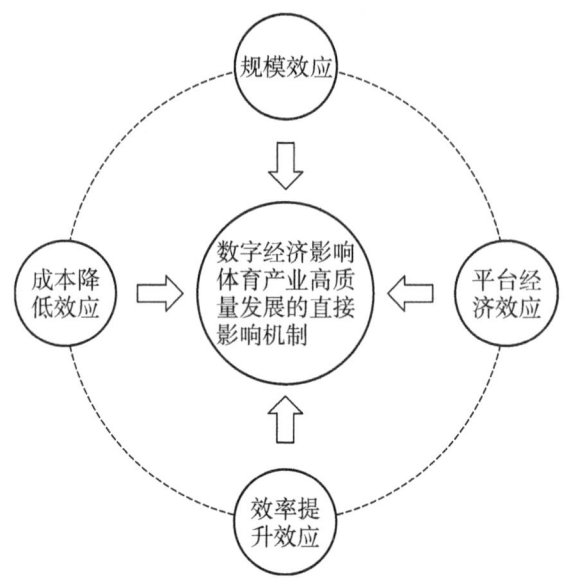

图 4.1 数字经济影响体育产业高质量发展的直接机制

4.3 数字经济影响体育产业高质量发展的间接效应

4.3.1 技术创新的中介效应

数字经济的快速发展会带来人工智能、物联网、大数据等数字技术的不断应用,推动体育企业不断进行技术创新,从而助推体育产业高质量发展。从研发环节看,数字经济的发展能够有效整合和分析市场信息等相关资源,实现企业间的协同合作研发,提升技术创新水平,缩短产品的研发周期,从而推动体育企业实现高质量发展;从生产环节看,数字经济发展通过互联网、5G、大数据相关技术的应用为体育企业发展制定智能化的解决方案,助推体育产品和体育服务进行有效的技术创新,提升体育产业高质量的供给(杨京钟等,2024)。从业务流程看,数字经济发展可以打破原有的生产、流通、消费的效率低下的平面连接方式,利用智能化算法高精度模拟推动应用场景的技术创新,实现资源要素和消费需求的智能化感应和协作化生产,为体育产业高质量发展提供新的动力源泉(高里程,2021)。

4.3.2 市场化水平的调节效应

市场化水平是指一国在一定的时期内,其商品和服务达到的市场化程度,具体表现为要素的自由流动以及市场配置资源作用充分发挥等方面(钟倪等,2023)。市场化调节数字经济影响体育产业高质量发展,主要体现在三个层面:一是要素自由流动效应。市场化水平高的地区,市场活力较大,要素在地区间的流动壁垒相对更少,可以推动数字要素在该区域内自由流动(廖倩雯,2022),有利于数字要素在区域内形成集聚,从而可以提升区域的体育产业发展质量。二是吸收能力效应。市场化水平高的地区,吸收先进技术和管理经验的能力较强,能够更有效地利用数字经济产生的技术溢出,推动生产效率提升,专业化协作能力增强,从而助推数字经济影响体育产业的能力(周亚虹等,2024)。三是环境改善效应。市场化程度高的地区,市场竞争有序、价格机制透明,市场主体活力释放充分,对数字经济带来的变革适应能力更强,能够更好地接收和运用数字技术到生产经营过程中,从而调节数字经济对体育产业高质量发展的影响程度。数字经济影响体育产业高质量发展的间接机制如图4.2所示。

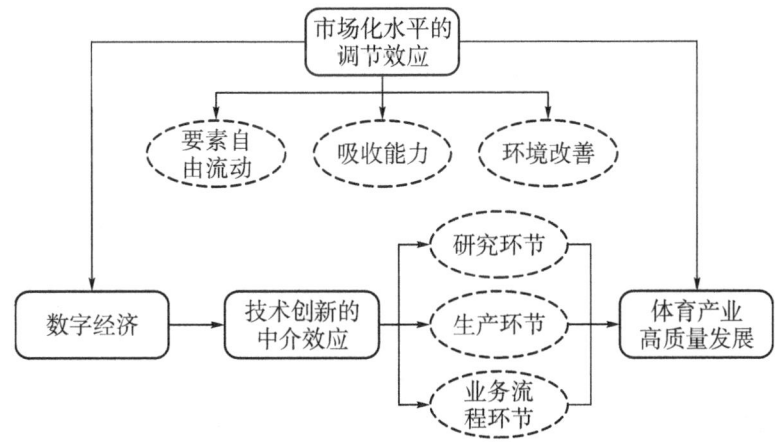

图4.2 数字经济影响体育产业高质量发展的间接机制

第五章　数字经济影响体育产业高质量发展的实证分析

本章在前文现实解构和理论机制分析的基础上,基于体育经济学和产业经济学的视角构建数字经济和体育产业高质量发展的指标体系,对31个省份进行综合评价和比较,在此基础上,实证分析数字经济对体育产业高质量发展的具体影响,并用技术创新作为中介变量,用市场化水平作为调节变量,考察数字经济如何通过影响技术创新影响体育产业高质量发展和市场化水平,如何调节数字经济对体育产业高质量发展的影响。

5.1　数字经济发展的测度与评价

5.1.1　指标体系的构建

数字经济是以数据资源为关键要素,以数字技术为核心动能,依托现代信息网络为重要载体,促进资源公平配置和生产效率提升的新经济形态,具体表现为信息基础设施建设、实体经济数字化转型、环境信息化发展。立足于上述逻辑内涵,本书参考赵涛等(2020)、许敏兰和胡彦梦(2024)等学者的研究成果,注重质量效益指标,从数字基础设施、数字产业化、产业数字化、数字环境支撑四个维度构建中国数字经济发展水平综合评价指标体系。其中,数字基础设施层面包括长途光缆线路长度、互联网宽带接入用户、域名数和互联网宽带接入端口;数字产业化层面包括数字普惠金融指数、电话普及率(包括移动电话)和数字电视用户数;产业数字化层面包括网页数、电信业务总量、快递量和规模以上工业企业专利申请数;数字环境支撑层面包括地方财政、科学技术支出,信息传输、软件和信息技术服务业城镇单位就业人员。

2013—2020年是中国数字经济蓬勃发展的紧要时期,数字经济产值占GDP比重逐年提升,由23.7%一路增长至38.6%。因此,根据数据的可得性、规范性和可操作性,本书最终选取2013—2020年中国31个省级行政区(不包括港澳台地区)为样本对象。数字惠普金融指数来自北京大学数字金融研究中心课题组所发布的《北京大学数字惠普金融指数(2011—2020)》;其余数据来源于2013—2020年国家统计局官网、各省份统计年鉴、《中国统计年鉴》《中国信息产业年鉴》《中国科技统计年鉴》。对于部分缺失的数据,采用线性插补、类推等方法补充。

5.1.2 测度方法

熵权法作为一种客观赋权法,依据各级指标观测值所提供信息的大小确定权重,体现指标与均值或理想值的离散程度,有效排除人为主观因素对结果的干扰。具体步骤如下:

第一,鉴于各指标拥有不同的规模、特征和量纲,以及本书选取的指标均为正向指标,所以只进行如(1)式所示的正向属性标准化,其中:a_{ij}表示处理后第i个省市的第j个指标的数值($i=1,2,\cdots,n; j=1,2,\cdots,m$)。

$$a_{ij} = \frac{x_{ij} - \min x_{ij}}{\max x_{ij} - \min x_{ij}} \tag{1}$$

第二,计算第j项指标下第i个省市所占比重:

$$P_{ij} = \frac{a_{ij}}{\sum_{i=1}^{n} a_{ij}} \tag{2}$$

第三,计算第j项指标的熵值:

$$e_j = -\frac{1}{\ln n} \sum_{i=1}^{n} P_{ij} \ln P_{ij} \tag{3}$$

第四,计算各项指标的权重:

$$w_j = \frac{1 - e_j}{\sum_{j=1}^{m}(1 - e_j)} \tag{4}$$

第五,计算各省市的综合得分:

$$S_i = \sum_{j=1}^{m} w_j a_{ij} \tag{5}$$

式中：S_i 即为 i 省市的数字经济发展综合指数，介于 0～1 之间，该数值越大，代表该地区的数字经济发展水平越高；反之，数值越小，则发展水平越低，具体结果见表 5.1。

表 5.1 数字经济发展水平指标构建

一级指标	二级指标	三级指标	权重系数
数字经济发展水平	数字基础设施	长途光缆线路长度/万公里	0.028
		互联网宽带接入用户/万户	0.047
		域名数/万个	0.098
		互联网宽带接入端口/万个	0.043
	数字产业化	数字普惠金融指数	0.020
		电话普及率(包括移动电话)/(部/百人)	0.024
		数字电视用户数/万户	0.039
	产业数字化	网页数/万个	0.171
		电信业务总量/亿元	0.085
		快递量/万件	0.161
		规模以上工业企业专利申请数/件	0.118
	数字环境支撑	地方财政科学技术支出/亿元	0.083
		信息传输、软件和信息技术服务业城镇单位就业人员/万人	0.083

5.1.3 指标体系的测度和评价

1. 中国数字经济发展水平综合测度评价

2013—2020 年中国数字经济发展水平综合测度结果如表 5.2 所示。从整体上看，全国数字经济发展水平稳中向好，指数由 0.08 提升至 0.17，年均增长率 10.5%。其中，广东、北京、江苏、浙江、上海五个省市的年均指数位列前茅，70% 以上地区的年均增长率领先全国平均增长速度，尤其是广西、天津、江西、安徽、海南、贵州六个省市的年均增长率超 15%，这主要得益于当地相关部门对数字经济发展的高度重视，并大力落实优惠政策扶持、技术资金支持、高端人才招引等鼓励措施。广东围绕"数字湾区"，以省信息中心为保障探索公共数据授权使用，成功创办"粤商通""粤政易"等"粤系列"移动服务平台，牵头推进泛珠三角区域政府服务"跨省通办"和港珠澳政务服务一体化

表 5.2 中国各地区数字经济发展水平指数

区域	省市	2013年	2014年	2015年	2016年	2017年	2018年	2019年	2020年	年均值	年均增长率/%
东部地区	广东	0.230	0.200	0.275	0.295	0.318	0.392	0.456	0.515	0.335	13.16
	江苏	0.202	0.217	0.248	0.268	0.287	0.322	0.363	0.404	0.289	10.45
	浙江	0.157	0.172	0.213	0.235	0.246	0.283	0.322	0.362	0.249	12.81
	北京	0.218	0.243	0.278	0.305	0.318	0.355	0.391	0.430	0.317	10.24
	山东	0.176	0.154	0.166	0.177	0.184	0.170	0.186	0.222	0.179	3.88
	上海	0.137	0.178	0.221	0.242	0.257	0.270	0.297	0.338	0.242	14.04
	福建	0.088	0.098	0.118	0.152	0.193	0.210	0.216	0.136	0.151	8.92
	天津	0.079	0.091	0.101	0.106	0.108	0.131	0.169	0.245	0.129	18.30
	河北	0.061	0.065.8	0.080	0.092	0.103	0.154	0.179	0.117	0.107	12.52
	海南	0.035	0.041	0.052	0.053	0.062	0.080	0.094	0.092	0.064	15.42
	均值	0.138	0.146	0.175	0.192	0.208	0.237	0.267	0.286	0.206	11.04
中部地区	河南	0.113	0.130	0.158	0.180	0.097	0.125	0.147	0.162	0.139	8.73
	安徽	0.064	0.072	0.086	0.096	0.109	0.135	0.156	0.190	0.114	16.89
	湖南	0.088	0.096	0.101	0.117	0.088	0.106	0.132	0.150	0.110	9.06
	湖北	0.097	0.108	0.129	0.087	0.096	0.116	0.145	0.160	0.117	9.31
	江西	0.043	0.049	0.063	0.085	0.102	0.129	0.109	0.123	0.088	17.22
	山西	0.045	0.048	0.055	0.072	0.082	0.103	0.066	0.079	0.069	10.70
	均值	0.075	0.084	0.099	0.106	0.096	0.119	0.126	0.144	0.106	10.23

续表

区域	省市	2013年	2014年	2015年	2016年	2017年	2018年	2019年	2020年	年均值	年均增长率/%
西部地区	四川	0.080	0.093	0.111	0.120	0.136	0.177	0.205	0.161	0.135	11.65
	重庆	0.061	0.069	0.079	0.089	0.100	0.119	0.133	0.142	0.099	12.82
	陕西	0.064	0.072	0.083	0.070	0.079	0.100	0.137	0.152	0.094	14.41
	云南	0.044	0.047	0.055	0.058	0.070	0.056	0.075	0.088	0.062	11.62
	广西	0.032	0.039	0.043	0.048	0.055	0.074	0.101	0.116	0.064	20.45
	贵州	0.042	0.044	0.050	0.074	0.092	0.121	0.085	0.102	0.076	15.83
	甘肃	0.057	0.060	0.029	0.031	0.044	0.061	0.077	0.090	0.056	12.06
	新疆	0.038	0.040	0.042	0.043	0.047	0.057	0.069	0.083	0.052	11.99
	内蒙古	0.040	0.045	0.049	0.052	0.060	0.046	0.059	0.069	0.053	9.08
	青海	0.037	0.017	0.019	0.021	0.028	0.044	0.053	0.063	0.035	13.71
	宁夏	0.031	0.032	0.033	0.034	0.041	0.053	0.065	0.071	0.045	13.31
	西藏	0.040	0.042	0.043	0.041	0.022	0.034	0.053	0.061	0.042	11.69
	均值	0.047	0.050	0.053	0.057	0.065	0.078	0.093	0.100	0.068	11.42
东北地区	黑龙江	0.055	0.058	0.099	0.091	0.050	0.055	0.072	0.080	0.070	10.51
	吉林	0.065	0.070	0.076	0.040	0.049	0.062	0.079	0.086	0.066	7.86
	辽宁	0.085	0.091	0.095	0.098	0.079	0.089	0.104	0.115	0.094	5.09
	均值	0.068	0.073	0.090	0.076	0.059	0.069	0.085	0.094	0.077	6.03
全国	均值	0.084	0.090	0.105	0.112	0.116	0.136	0.155	0.168	0.121	10.50

进程,降低市场主体交易成本,促进要素资源整合共享。广西选择从内部优势出发,巩固延伸"特色产业+数字产业"新赛道,例如通过电商直播赋能灵山、容县等地特色农产品销售,全流程自动化生产车间推动柳州工业数字化转型;在新兴产业方面实行"引培结合",例如桂林、梧州等地通过产业园建设,吸引光通信、北斗导航等高新企业集聚,截至2023年底,桂林市光通信产业共拥有9家规模以上企业、34家专项研究所。贵州凭借"东数西算"政策,顺利接入"港珠澳—长三角"的"数据大运河",归纳统筹省内分散算力,强化算数服务质量和"数网"体系形成,为产业链数字化和产业基础高级化提供强大内生动力。但也要注意到,目前北京等"领头型"地区的数字经济发展指数是宁夏、西藏等地的七倍之多,"数字鸿沟"的威胁展露苗头。同时,全国年均指数始终未能突破0.2,占GDP的比重为35%左右,与主要国家融合型数字经济占比普遍超过70%相比,仍有较大提升空间。

从各区域看,受限于产业结构、政策导向和资源禀赋的非均衡发展的影响,我国数字经济发展内部不协调、不充分的矛盾较为突出,具体表现为"东高西低"。其中,东部地区遥遥领先,介于0.14~0.29;其次是中部地区,介于0.08~0.14;最后是西部地区和东北地区,分别介于0.05~0.1和0.07~0.09。东部地区凭借平坦宜居的地理优势和传统产业的基础优势,优先汇集一批高新技术企业,在"两化"融合和"互联网+"浪潮中响应迅速。特别是长三角、珠三角坐拥得天独厚的临海区位,便于开展国际贸易和区域经贸合作,吸引外资企业和先进技术涌入。政府高度重视人才引进,一方面,各区接连抛出高额年薪、巨额科研启动经费、安家费等优待福利直接争夺人才;另一方面,着力构建京津冀区域一体化,打造首都经济圈,在加快资源跨区域流动的同时,推动教育和文化交流互鉴,助力东部科技创新活力涌现。中部地区的比较优势主要体现在工业基础和市场优势上。首先,中部地区是全国先进制造业基地,在装备制造、新能源汽车、电子信息等领域具有强劲的产业竞争力。其次,中部地区人力资源丰富,全国十分之一的国土面积承载约四分之一的人口数量,为中部地区的繁荣提供广阔的市场潜力和成长空间。但相对分散的自然资源、较弱的城市群带动能力和量级经济的缺乏也制约中部经济"数转智改"、向"新"求质的进程。近年来,东北地区围绕《"十四五"数字经济发展规划》,抢抓新一轮科技革命,积极构建数据交易流通产业生态,培育壮大特色数字产业集群,因地制宜助力数字经济落地生根,但产能过剩、产业结构单一化等遗存问题却始终阻碍数字经济运行效率。西部地区一直是国家重点关注对象,"西部大开发""产业大迁移""西三角经济圈"等多项策略方针陆续颁布,实现数字经济年均增速位列第一,但囿于基础设施建设难度大、复合型人才流失严重和市场分割严重,仍需不断寻求数字经济升级新方向。2013—2020年全国及四大地区数字经济发展水平如图5.1所示。

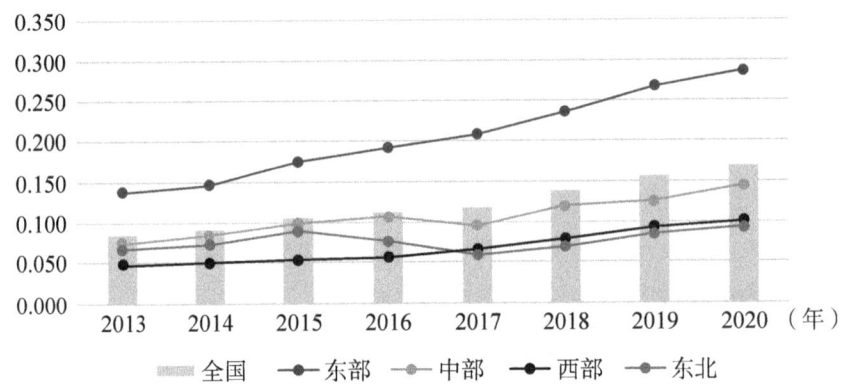

图5.1　2013—2020年全国及四大地区数字经济发展水平

(2) 中国数字经济发展水平分维度测度评价

由表5.3可知,2013—2020年中国数字经济各维度发展既存在协同效应,又表现出较大区域异质性。在研究区间内,四个二级指标均趋于波动上升,2017年后,攀升最为迅速,可能是2017年数字经济首次被写入政府工作报告,明确提出加强数字中国建设整体布局的要求,推动数字经济基础设施建设、营商环境等逐步优化,同年国务院通过《深化"互联网+先进制造业"发展工业互联网的指导意见》,进一步聚焦数实融合深度。从细分看,数字产业化的标准差为0.007,各省市之间的离散程度较低,在科技全球化和科技强国的背景下,各级政府都高度重视前沿技术研发,资金、人才等方面的利好政策绵绵不绝,以确保信息技术的迭代更新速度;区域合作范围扩大,市场的全要素生产率流动性增强,在一定程度上弥合了数据鸿沟。相对而言,数字基础建设、产业数字化和数字环境支撑的标准差分别为0.018、0.044、0.014,异质性较为明显。在数字基础建设方面,西部地区得分明显低于其他3个地区,一是复杂崎岖的山地形式以及较低的城镇化率,增加了长途光缆、互联网宽带的接入难度和成本,基站覆盖面不足;二是薄弱的经济水平削弱了基础建设的资金投入;三是较落后的技术水平导致高端硬件设备外部依赖度高,生产设备数字化水平不足。在数字环境支撑方面,东部地区赶超全国平均水平,目前东部具备优厚的资金储备,可投入的科学技术财政支出较充分,同时注重创新型、复合型人才培养,并高标准吸纳信息传输、软件和信息技术服务业城镇单位就业人员。在产业数字化方面,东中部和西部地区的差距逐步增大,部分学者对此解释是数实结合和产业标准化水平正相关。对比西部资源型产业占比重的现状,中东部地区以先进制造业和现代服务业为主,产业标准化水平整体偏强,上下游链条强韧完整,能承担较强的实体经济数字化发展的风险,创新成果产业化、市场化运用成效显著。数字技术的蓬勃发展,又促进劳动力等生产要素向发达地区先进制造业和欠发达地区非生产型部门加速转移,扩大区域间和产业间的差距。

表5.3 中国数字经济发展水平各维度指数

区域	省市	数字基础设施	数字产业化	产业数字化	数字环境支撑
东部地区	广东	0.072	0.028	0.179	0.056
	江苏	0.062	0.024	0.155	0.048
	浙江	0.054	0.021	0.133	0.041
	北京	0.069	0.026	0.170	0.053
	山东	0.039	0.015	0.096	0.030
	上海	0.052	0.020	0.130	0.040
	福建	0.033	0.013	0.081	0.025
	天津	0.028	0.011	0.069	0.021
	河北	0.023	0.009	0.057	0.018
	海南	0.014	0.005	0.034	0.011
	均值	0.045	0.017	0.110	0.034
中部地区	河南	0.030	0.012	0.074	0.023
	安徽	0.025	0.009	0.061	0.019
	湖南	0.024	0.009	0.059	0.018
	湖北	0.025	0.010	0.063	0.019
	江西	0.019	0.007	0.047	0.015
	山西	0.015	0.006	0.037	0.011
	均值	0.023	0.009	0.057	0.018

续表

区域	省市	数字基础设施	数字产业化	产业数字化	数字环境支撑
西部地区	四川	0.029	0.011	0.072	0.022
	重庆	0.021	0.008	0.053	0.016
	陕西	0.020	0.008	0.051	0.016
	云南	0.013	0.005	0.033	0.010
	广西	0.014	0.005	0.034	0.011
	贵州	0.016	0.006	0.041	0.013
	甘肃	0.012	0.005	0.030	0.009
	新疆	0.011	0.004	0.028	0.009
	内蒙古	0.011	0.004	0.028	0.009
	青海	0.008	0.003	0.019	0.006
	宁夏	0.010	0.004	0.024	0.007
	西藏	0.009	0.003	0.022	0.007
	均值	0.015	0.006	0.036	0.011
东北地区	黑龙江	0.015	0.006	0.037	0.012
	吉林	0.014	0.005	0.035	0.011
	辽宁	0.020	0.008	0.050	0.016
	均值	0.017	0.006	0.041	0.013
全国	均值	0.026	0.010	0.065	0.020

5.2 体育产业高质量发展指标体系的构建和测度

为了实现对体育产业高质量发展的监测,需要建立科学、合理、可测度的指标体系。因此,本节在前文理论机制研究的基础上,构建高质量发展的指标体系,对31个省市的体育产业高质量发展做出科学评价,并采用STATA 17.0计量软件,实证分析数字经济发展对体育产业高质量发展的影响。

5.2.1 构建原则

(1)综合性原则。体育产业高质量发展指标评价体系是一个全方位体系,在其构建的过程中,应从整体的角度出发,统筹兼顾。通过有条理、有层次地选取多维度、全面化、差异化的各种与体育产业高质量发展相关的指标，最大限度地避免因为指标遗漏或重复而造成的评估不准确。

（2）客观性原则。体育产业高质量发展指标评价体系中所选指标应能真实可靠地反映出体育产业高质量发展的基本内容。在评估值的确定与选择时，应不偏不倚，以客观事实为依据，从而为政府决策和他人使用提供有效支撑。

（3）可操作性原则。体育产业高质量发展指标评价体系中所有定量的指标数据的获得应具备较强的可操作性，最好能从统计年鉴、国民经济和社会发展统计公报等权威资料（刊物）中直接查询获取，或者在查询资料所得数据的基础上经计算推导得出，使抽象的指标现实地、可运算地出现在评价体系中。

（4）定量与定性相结合的原则。在体育产业高质量发展指标评价体系的指标选取过程中，不能仅依靠定量数据进行简单的统计运算，应做到客观定量指标与主观定性指标相结合。在真实客观的前提下，充分将诸如目标定位、思想理念等不可缺少的主观定性指标引入体系中，从而提高体系的评价准确度。

（5）差异性原则。由于不同城市的自身能级、市场体量、辐射范围等因素的客观差异，以及体育产业的发展基础和现状的不同，导致其体育产业高质量发展存在着差异性的目标定位和战略要求。因此，在体育产业高质量发展指标评价体系构建时，应结合城市和地区实际情况，为不同城市和地区确定不同的评价指数。

5.2.2 构建方法和测度

1. 指标构建

以数字经济兴起为契机，通过传统生产要素重组、生产过程智能化、价格传递机制转变等渠道，体育产业出现结构体系变革、消费产品供给创新、组织效率提升等一系列优化调整，体育产业迈入高质量发展阶段。本书在刘兵等人（2024）的研究基础上，结合当前新发展格局，按照科学性、代表性、可得性的选取原则，共建12个三级变量，从产业规模、产业效益、产业投入三个层面共同评估体育产业高质量发展水平。

2. 数据来源和测度方法

与上述数字经济的时间跨度保持一致，本书选择2013—2020年我国31个省市的数据进行比较。原始数据来源于当年各地体育局统计官网、《中国体育产业发展报告》、《中国户外运动产业发展报告》、《第四次全国经济普查系列报告之十五》、《体育产业统计分类(2019)》、《中国体育经营榜》。在数据处理上,利用插值法补齐各年残缺值,并利用熵权法测度各级指标的权重,运算过程与上文一致,这里不再赘述,具体结果见表5.4。

表5.4 体育产业高质量发展评价指标体系

一级指标	二级指标	三级指标	权重系数
体育产业发展水平	产业规模	文化、体育和娱乐业法人单位数/个	0.044
		文教、工美、体育和娱乐用品制造业企业单位数/个	0.111
		文化、体育用品及器材批发业法人单位数/个	0.110
		文化、体育用品及器材零售业法人单位数/个	0.043
	产业效益	文化、体育和娱乐业法人单位营业收入/亿元	0.069
		文教、工美、体育和娱乐用品制造业营业收入/亿元	0.116
		文化、体育用品及器材批发业营业收入/万元	0.116
		文化、体育用品及器材零售业营业收入/万元	0.055
	产业投入	文化、体育和娱乐业法人单位资产总计/亿元	0.062
		文教、工美、体育和娱乐用品制造业资产总计/亿元	0.123
		文化、体育用品及器材批发业资产总计/万元	0.105
		文化、体育用品及器材零售业资产总计/万元	0.046

3. 指标体系的测度和评价

(1) 中国体育产业发展水平综合测度评价

在样本考察期,我国四大区域的体育经济高质量发展指数呈"东强西弱"、增速呈"西高东低"的分布特征,西部地区表现出明显的"追赶效应",原因主要在于东部地区的体育增长发挥极化效应和扩散效应。一方面,早期的体育产业是以装备制造业为主的第二产业,而东部沿海地区制造业发达,成为改革开放后最先实施体育产业发展的区域,规模经济的形成带来体育产业聚集,不断吸引多元主体参与,激活产业链延链、补链、强链,使得其体育产业发展水平强于西北部。另一方面,鉴于体育产业与经济社会发展关联度高的特性,以及体育产业与国民经济之间相互依存、互惠互融的共生关系,较高的经济水平导致体育产业在东部地区进一步发展的机会成本增加,而效率相对较低的体育产业向西部省份扩散,提高了西部省份体育产业的发展速度。以城市群为划分标准,体育高质量发展指数成梯队分布格局。京津冀、长三角和珠三角等三大城市群的核心省市体育产业发展水平较为领先,即北京、江苏和广东较为领先。通过核心省市的辐射带动作用,泛珠三角地区的福建和安徽,环渤海经济区的天津和山东的体育高质量发展水平在全国也名列前茅,相比之下,珠三角的中心城市广州的连带作用较为薄弱。西南方位的四川以"赛事经济"为主线、以"新质生产力"为引擎、以"科学统计"为支撑,谋求"体育强省"建设体育产业高质量发展水平,已进入第二梯队。余下省市的水平差距并不是很大,绝大部分属于第三梯队。中国各地区体育产业高质量发展水平指数如表5.5所示。

表5.5 中国各地区体育产业高质量发展水平指数

区域	省市	2013年	2014年	2015年	2016年	2017年	2018年	2019年	2020年	年份均值
东部地区	广东	0.550	0.623	0.608	0.638	0.700	0.757	0.792	0.799	0.683
	江苏	0.321	0.356	0.386	0.435	0.420	0.462	0.466	0.533	0.422
	浙江	0.298	0.336	0.363	0.380	0.376	0.414	0.479	0.526	0.397
	北京	0.274	0.308	0.301	0.323	0.374	0.436	0.484	0.486	0.373
	山东	0.261	0.283	0.309	0.336	0.347	0.285	0.266	0.274	0.295
	上海	0.206	0.214	0.200	0.222	0.244	0.282	0.347	0.401	0.265
	福建	0.156	0.192	0.229	0.237	0.269	0.286	0.329	0.338	0.255
	天津	0.087	0.090	0.099	0.094	0.087	0.066	0.071	0.069	0.083
	河北	0.052	0.063	0.070	0.076	0.082	0.084	0.086	0.087	0.075
	海南	0.007	0.007	0.007	0.008	0.009	0.010	0.012	0.021	0.010
	均值	0.221	0.247	0.257	0.275	0.291	0.308	0.333	0.353	0.286
中部地区	河南	0.111	0.139	0.164	0.189	0.186	0.177	0.198	0.200	0.171
	安徽	0.079	0.103	0.125	0.136	0.140	0.151	0.146	0.152	0.129
	湖南	0.086	0.100	0.100	0.113	0.124	0.140	0.156	0.157	0.122
	湖北	0.074	0.081	0.096	0.101	0.108	0.151	0.151	0.150	0.114
	江西	0.054	0.059	0.072	0.081	0.090	0.097	0.135	0.126	0.089
	山西	0.030	0.030	0.028	0.029	0.031	0.033	0.036	0.039	0.032
	均值	0.072	0.085	0.098	0.108	0.113	0.125	0.137	0.137	0.109

续表

区域	省市	2013年	2014年	2015年	2016年	2017年	2018年	2019年	2020年	年份均值
西部地区	四川	0.054	0.063	0.075	0.091	0.093	0.115	0.136	0.132	0.095
	重庆	0.044	0.050	0.050	0.054	0.061	0.071	0.073	0.076	0.060
	陕西	0.039	0.043	0.048	0.054	0.066	0.075	0.074	0.074	0.059
	云南	0.036	0.037	0.052	0.074	0.061	0.058	0.052	0.051	0.053
	广西	0.028	0.035	0.035	0.039	0.043	0.047	0.052	0.053	0.042
	贵州	0.015	0.018	0.022	0.028	0.034	0.036	0.034	0.034	0.028
	甘肃	0.015	0.019	0.024	0.027	0.028	0.021	0.028	0.019	0.023
	新疆	0.011	0.013	0.015	0.017	0.020	0.031	0.036	0.036	0.022
	内蒙古	0.010	0.012	0.014	0.016	0.017	0.017	0.019	0.019	0.016
	青海	0.003	0.003	0.004	0.004	0.004	0.004	0.004	0.003	0.004
	宁夏	0.003	0.003	0.004	0.004	0.005	0.004	0.005	0.005	0.004
	西藏	0.000	0.001	0.001	0.003	0.003	0.002	0.002	0.002	0.002
	均值	0.022	0.025	0.029	0.034	0.036	0.040	0.043	0.042	0.034
东北地区	黑龙江	0.021	0.023	0.024	0.024	0.024	0.025	0.024	0.023	0.024
	吉林	0.013	0.014	0.016	0.020	0.020	0.019	0.018	0.018	0.017
	辽宁	0.056	0.058	0.056	0.048	0.048	0.042	0.046	0.047	0.050
	均值	0.030	0.032	0.032	0.031	0.031	0.029	0.029	0.029	0.030
全国	均值	0.097	0.109	0.116	0.126	0.133	0.142	0.153	0.160	0.129

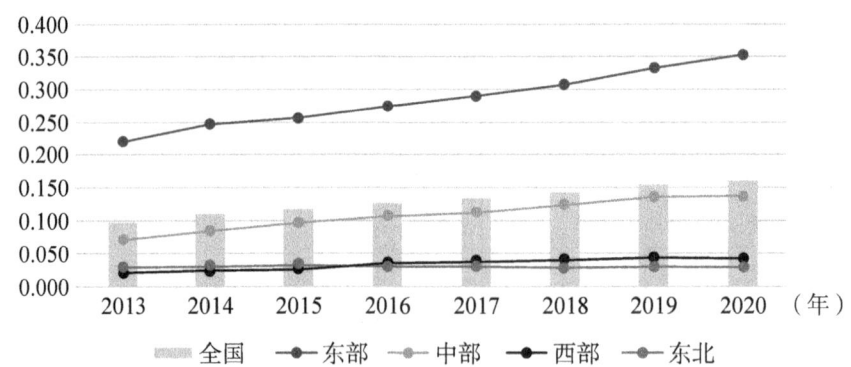

图 5.2 2013—2020 年全国及四大地区体育产业高质量发展水平

(2) 中国体育产业高质量发展水平分维度测度评价

体育产业高质量发展在产业规模、产业效益和产业投入方面表现出不同特点。规模分项的指数均值为 0.04,均值以上省份占比约 32.3%,其中排名前五的城市都来自东部地区,后三名都来自西部地区。一是受地理环境影响,西部地区地处大陆深处,相比于东部地区接触西方先进的体育产业知识理念具有时滞性,出于交通便利的考量,大型的体育赛事也一般都在东部沿海地区举行,影响了国民体育素质概念、体育产业知识在西部地区的普及。二是东部地区人均收入水平较高,人们对体育锻炼等精神文明追求得较早,因此推动了体育基础建设布局、公共体育服务完善,带动了体育服务业、器材批发业等相关产业蓬勃发展。东部地区体育产业效益的分项均值为 0.046,高于产业规模,二者的分布特征相似,广东处于断层领先地位。一方面,广东作为"羽球之乡",赛事拉动能力强,消费群体基础好,据统计全省每年举办约 12 万余次体育赛事,预计拉动消费超 12 亿元。另一方面,省内产业创新能力强,2023 年广东省在体育领域共有 12 家国家级"专精特新"企业,全国排名第三,涉及智能装备研发制造、运动相机、运动康复设备等高端制造领域,市场竞争力强,增值空间广阔。最后是凭借港口优势区位和高质量产品品质,打造出"广州智造"的品牌效应,出口势头迅猛,每年累计出口体育用品及设备超 40 亿元,交易对象遍布全球 20 多个国家地区。产业投入分项年均指数 0.043,变动态势较为一致,除去东北地区出现过一段小幅度的下降外,其他区域均稳中有升。东北地区受计划经济的遗留影响,市场活力未能完全恢复,经济局面疲软导致对体育产业的财政投入减少,市场经济支撑度不足。另外,东北地区缺乏成熟的青训体系和完善的上升途径,迫使优秀的体育人才和教练流向其他省份,影响了体育产业的长期建设和发展。此外,受限于寒冷的天气气候、有限的土地资源等因素,体育设施和运动场所的建设较少,体育产业发育空间不足,企业资产总计减少。

中国体育产业高质量发展水平各维度指数如表 5.6 所示。

表 5.6 中国体育产业高质量发展水平各维度指数

区域	省市	产业规模	产业效益	产业投入
东部地区	广东	0.210	0.243	0.230
	江苏	0.130	0.150	0.142
	浙江	0.122	0.141	0.133
	北京	0.115	0.133	0.125

续表

区域	省市	产业规模	产业效益	产业投入
东部地区	山东	0.091	0.105	0.099
	上海	0.081	0.094	0.089
	福建	0.078	0.091	0.086
	天津	0.026	0.030	0.028
	河北	0.023	0.027	0.025
	海南	0.003	0.004	0.003
	均值	0.088	0.102	0.096
中部地区	河南	0.053	0.061	0.057
	安徽	0.040	0.046	0.043
	湖南	0.038	0.043	0.041
	湖北	0.035	0.041	0.038
	江西	0.027	0.032	0.030
	山西	0.010	0.011	0.011
	均值	0.034	0.039	0.037
西部地区	四川	0.029	0.034	0.032
	重庆	0.018	0.021	0.020
	陕西	0.018	0.021	0.020
	云南	0.016	0.019	0.018
	广西	0.013	0.015	0.014
	贵州	0.009	0.010	0.009
	甘肃	0.007	0.008	0.008
	新疆	0.007	0.008	0.008
	内蒙古	0.005	0.006	0.005
	青海	0.001	0.001	0.001
	宁夏	0.001	0.001	0.001
	西藏	0.001	0.001	0.001
	均值	0.010	0.012	0.011

续表

区域	省市	产业规模	产业效益	产业投入
东北	黑龙江	0.007	0.008	0.008
	吉林	0.005	0.006	0.006
	辽宁	0.015	0.018	0.017
	均值	0.009	0.011	0.010
全国	均值	0.040	0.046	0.043

5.3 数字经济影响体育产业高质量发展的实证分析

5.3.1 模型设立和指标选取

本文参考许金富等(2020)的做法,消除数字经济对区域差异和年份差异的影响,构建双向固定效应模型,探究数字经济对体育产业发展的影响,模型设定如下:

$$PE_{i,t} = \beta_0 + \beta_1 DE_{i,t} + \beta_2 GDP_{i,t} + \beta_3 EDU_{i,t} + \beta_4 IS_{i,t} + \mu_i + \gamma_t + \varepsilon_{i,t} \quad (6)$$

其中,$PE_{i,t}$ 为 i 省在第 t 期的体育产业发展水平,$DE_{i,t}$ 为 i 省在第 t 期的数字经济发展指标,$GDP_{i,t}$ 为 i 省在第 t 期的经济发展水平,$EDU_{i,t}$ 为 i 省在第 t 期的受教育水平,$IS_{i,t}$ 为 i 省在第 t 期的产业结构指标。此外,本书还对省份固定效应与时间固定效应进行了控制,$\varepsilon_{i,t}$ 为随机扰动项。

被解释变量:体育产业高质量发展(PE)是一个复合性、综合性的变量,很难用一两个指标来衡量,本书综合相关研究成果,考虑指标选取的科学性、全面性和可行性等因素,把体育产业高质量发展分为产业规模、产业效益与产业投入三个维度进行测度,形成了12个指标,构建了评价指标体系。

核心解释变量:本书从数字基础设施、数字产业化、产业数字化和数字环境政策四个维度进行测度,共选取了13个指标,构建了评价指标体系,具体见表5.1。

控制变量:考虑变量间的潜在共线性影响,本书参考王娟娟等(2021)的做法,采用经济发展水平、受教育水平和产业结构作为控制变量,其中经济发展水平用地区人均 GDP 表示,受教育水平(EDU)用本科以上人口占总人口的比值表示,产业结构(IS)用第三产业产值/第二产业产值的比值表示。

样本主要来自中国 31 个省份 2013—2020 年的面板数据,合计 248 个观测数据。体育产业高质量发展主要指标的数据来源于《中国第三产业统计年鉴》、《中国工业统计年鉴》、《中国贸易外经统计年鉴》、各省统计年鉴与 Wind 经济数据库,数字经济的主要指标数据来源于中国统计年鉴与北京大学数字普惠金融指数等,用计量软件 STATA17.0 完成检验。

5.3.2 基准回归

如表 5.7 所示,基准回归时在模型(1)中,只加入了核心解释变量,对省份与时间进行双向固定以后,从回归结果来看,数字经济发展对体育产业高质量发展呈正向影响,即数字经济发展水平每提升 1%,体育产业高质量发展水平将提升 0.291%,即随着地区数字经济的发展,会显著的促进当地体育产业高质量发展。模型(2)~(4)中分别加入了控制变量:经济发展水平、受教育水平和产业结构,发现数字经济发展与体育产业依然呈现出正相关关系。因此,可认为数字经济发展对体育产业会产生促进作用。

表 5.7 基准回归结果

变量	(1) PE	(2) PE	(3) PE	(4) PE
DE	0.291*** (9.510)	0.245*** (9.983)	0.212*** (9.290)	0.211*** (9.219)
GDP		0.141*** (11.170)	0.144*** (12.610)	0.144*** (12.610)
EDU			6.540*** (6.784)	6.553*** (6.787)
IS				−0.002 (−0.680)
Constant	0.064*** (11.12)	−0.108*** (−6.73)	−0.208*** (−10.04)	−0.206*** (−9.82)
省份固定效应	YES	YES	YES	YES
年份固定效应	YES	YES	YES	YES
R^2	0.543	0.715	0.767	0.767
观测值	248	248	248	248

注:t 统计量,*** $p<0.01$,** $p<0.05$,* $p<0.1$。

5.3.3 稳健性检验

1. 剔除直辖市(北京、天津、重庆、上海)

直辖市因其具有特殊的行政地位,故而在经济、资源与文化等方面具有一定的先天优势和比较优势,故将其剔除后重新进行基准回归,从而验证上述的基准回归的稳健性。从表 5.8 模型(1)的回归结果来看,在剔除直辖市后,回归结果与基准回归基本一致,说明本书的结果是较为稳健的。

2. 更换核心解释变量 DE1 表示

主要变量不同的衡量方式可能会产生不同的实证结果,因此,本书通过替换核心解释变量的衡量指标进一步检验基准结果的稳健性。参考高燕等(2021)的做法,从数字经济的发展载体、数字产业化、产业数字化及数字经济发展环境 4 个维度进行测度,计算出中国省级层面的数字经济发展指数(DE1),替换基准回归中的核心解释变量。具体结果如表 5.8 中的模型(2)回归结果所示,替换核心解释变量后的估计结果与基准一致,进一步证明了数字经济发展确实促进了体育产业高质量的发展。

表 5.8 稳健性回归结果

变量	(1)PE	(2)PE
DE	0.212*** (8.422)	
$DE1$		0.459*** (9.293)
GDP	0.151*** (8.137)	0.124*** (10.38)
EDU	7.064*** (6.116)	5.295*** (5.290)
IS	−0.003 (−0.840)	−0.002 (−0.585)
$Constant$	−0.178*** (−6.96)	−0.177*** (−8.19)
省份固定效应	YES	YES
年份固定效应	YES	YES
R^2	0.729	0.768
观测值	216	248

注:t 统计量,*** $p<0.01$,** $p<0.05$,* $p<0.1$。

5.3.4 异质性分析

由于中国幅员辽阔,地域之间的自然资源和经济发展存在较大差异,数字经济和体育产业的发展呈现出较为明显的区域异质性。故将样本按区域分为东部、中部和西部进行分样本回归分析。从表5.9的回归结果看,与中部和西部地区的结果相比,东部地区的数字经济发展更能显著促进本地区体育产业的发展。这可能是因为东部地区在基础设施、经济发展水平以及产业结构上具有比较优势。

表 5.9 异质性检验结果

变量	(1)PE	(2)PE	(3)PE	(1)PE	(2)PE
	东部地区	中部地区	西部地区	开放程度大	开放程度小
DE	0.374*** (6.509)	0.168* (1.895)	−0.0136 (−0.633)	0.235*** (7.165)	0.172*** (6.479)
GDP	0.142*** (8.560)	0.0797*** (3.555)	0.0458** (2.338)	0.145*** (9.675)	0.0673*** (5.035)
EDU	6.617*** (3.569)	5.489*** (5.009)	2.039** (2.185)	7.084*** (4.670)	2.918*** (3.919)
IS	0.001 (0.102)	−0.008 (−1.323)	0.001 (0.282)	−0.005 (−0.712)	(−2.050) 0.0633***
$Constant$	−0.280*** (−4.98)	−0.086*** (−3.64)	−0.035* (−1.71)	−0.250*** (−6.441)	−0.0633*** (−4.019)
省份固定效应	YES	YES	YES	YES	YES
年份固定效应	YES	YES	YES	YES	YES
R^2	0.869	0.888	0.527	0.842	0.725
观测值	88	64	96	124	124

注:t 统计量,*** $p<0.01$,** $p<0.05$,* $p<0.1$。

国家体育总局发布的《"十四五"体育发展规划》中表示,应及时对体育领域部署高水平对外开放的相关举措。地区间的合作交流和开放可通过吸收先进技术、管理经验和优质人才提升本地区的产出效率和水平,从而促进本地区体育产业高质量发展。因此,本书按对外开放程度大小进行分样本回归,在具体操作上将对外开放按中位数分为两组进行分样本回归,高于中位数的是开放程度较高的地区,低于中位数的是开放程度较低的地区,从结果看,虽然都存在显著正向影响,但是开放程度大的区域,其核心解释变量的系数比开放程度小的地区大。

5.4 进一步分析:机制检验

5.4.1 技术创新的中介效应

在当前有关两个变量之间作用机制的研究中,中介效应分析应用较为广泛,为进一步探究数字经济影响体育产业高质量发展的作用渠道,根据前文的理论假设,选取技术创新(TI)作为中介变量,构建如下中介效应模型加以检验:

$$MED_{i,t} = \alpha_0 + \alpha_1 DE_{i,t} + \alpha_2 GDP_{i,t} + \alpha_3 EDU_{i,t} + \alpha_4 IS_{i,t} + \mu_i + \gamma_t + \varepsilon_{i,t} \tag{7}$$

$$PE_{i,t} = \rho_0 + \rho_1 MED_{i,t} + \rho_2 ED_{i,t} + \rho_3 GDP_{i,t} + \rho_4 EDU_{i,t} + \rho_5 IS_{i,t} + \mu_i + \gamma_t + \varepsilon_{i,t} \tag{8}$$

其中,机制变量 MED 指的是技术创新(TI),参考马铭晨等(2024)的做法用研发支出占 GDP 的比重表示。公式(7)用于检验数字经济对机制变量的影响,公式(8)在基准模型中加入中介变量,用于考察数字经济通过机制变量对体育产业高质量发展所产生的影响。数字经济对机制变量的影响用系数 α_1 表示,数字经济对体育产业高质量发展的中介效应由 $\alpha_1 \times \rho_1$ 表示。在中介效应模型中,若系数 α_1、ρ_1 同时显著,则表明数字经济对体育产业高质量发展有中介效应;若 ρ_2 显著,则说明技术创新仅存在部分中介效应;若 ρ_2 不显著,则表明技术创新具有完全中介效应。

在表 5.10 中展示了作用机制检验的实证结果,从第 2 列可以看出,选取技术创新作为中介变量时,数字经济与技术创新的回归系数显著为正,说明数字经济水平会带动技术创新能力的提高,从第 3 列的结果来看,技术创新均在 5% 的水平上正向显著,说明技术创新水平的上升会提高体育产业高质量发展的水平。因此,数字经济的发展会使得技术创新水平提升,从而促进体育产业的高质量发展,进而验证了前文的假设 2。

表 5.10 中介效应的回归结果

变量	(1)TI	(2)PE
DE	0.212*** (8.422)	0.357*** (4.369)
TI		0.324*** (6.831)
GDP	0.109*** (7.104)	0.143*** (9.82)
EDU	2.896*** (7.831)	3.023*** (4.745)
IS	−0.006 (−0.921)	−0.004 (−0.697)
Constant	−1.198*** (−7.361)	−1.134*** (−8.762)
省份固定效应	YES	YES
年份固定效应	YES	YES
R^2	0.698	0.632
观测值	248	248

注：t 统计量，*** $p<0.01$，** $p<0.05$，* $p<0.1$。

5.4.2 市场化水平的调节效应

为了进一步考察市场化水平调节数字经济影响体育产业高质量发展的水平，构建了以下调节模型：

$$PE_{i,t} = \alpha_1 + \alpha_1 DE_{i,t} + \alpha_2 MAR_{i,t} + \alpha_3 DE_{i,t} * MAR_{i,t} + \alpha_4 GDP_{i,t} + \alpha_5 EDU_{i,t} + \alpha_6 IS_{i,t} + \mu_i + \gamma_t + \varepsilon_{i,t} \tag{9}$$

此模型是在基准模型的基础上加入市场化水平（MAR）以及数字经济与市场化水平的交互项 $DE*MAR$，如果市场化水平的回归结果为正，说明市场化水平对体育产业高质量发展存在正向影响；而如果数字经济与市场化水平的交互项回归结果为正，则进一步说明市场化水平会强化数字经济对体育产业高质量发展的正向影响。其中，市场化水平指市场机制的完善程度，一般用地区的市场化指数来衡量。参考宋然（2021）、崔海雷等（2022）的研究，用中国各省份市场化指数来表示。

表 5.11 是市场化水平的调节效应结果,从回归结果看数字经济的估计系数显著为正,数字经济与市场化水平的交互项 $DE \times MAR$ 系数均在 1% 的显著水平上正向显著,说明市场化水平在数字经济对体育产业高质量发展中起到正向调节作用,会进一步强化数字经济对体育产业高质量发展的正向影响。

表 5.11 调节效应的回归结果

变量	(1)	(2)	(3)	(4)
DE	0.243*** (9.762)	0297*** (9.989)	0.209*** (9.653)	0.212*** (9.692)
MAR	0.417*** (7.342)	0.456*** (7.671)	0.492*** (7.975)	0.437*** (7.563)
$DE \times MAR$	0.325*** (8.127)	0.342*** (8.329)	0.351*** (8.673)	0.356*** (8.701)
GDP		0.139*** (10.673)	0.149*** (12.598)	0.157*** (12.931)
EDU			4.612*** (4.652)	4.738*** (4.329)
IS				−0.002 (−0.680)
$Constant$	0.052*** (12.25)	−0.113*** (−7.96)	−0.194*** (−9.87)	−0.218*** (−9.92)
省份固定效应	YES	YES	YES	YES
年份固定效应	YES	YES	YES	YES
R^2	0.631	0.652	0.693	0.685
观测值	248	248	248	248

注:t 统计量,*** $p<0.01$,** $p<0.05$,* $p<0.1$。

5.5 结论

基于 2013—2020 年 31 个省级面板数据,在构建数字经济与体育产业高质量发展评价指标体系的基础上,分析数字经济赋能体育产业高质量发展的直接影响、异质性影响和间接影响,得出以下结论:

第一,数字经济对体育产业高质量发展具有正向的显著性影响,在考虑到控制变量的情况下,数字经济发展每提高1%,体育产业高质量发展水平提升0.211%,通过剔除特征值和更换变量后的稳健性检验后,上述结果仍然成立。

第二,在区域异质性上,东部地区的数字经济更能显著促进体育产业发展,中部次之,西部的效应不明显;在开放程度上,通过中位数区分的开放度显示开放度大的地区更能发挥数字经济的赋能作用。

第三,在影响机制上,数字经济的发展会使得技术创新水平提升,从而促进体育产业的高质量发展,即技术创新起到了中介机制的作用;而区域市场化水平的高低也可以正向调节数字经济对体育产业发展的影响,即市场化水平好的地区可以强化数字经济推动体育产业高质量发展的作用。

第六章　数字经济赋能中国体育企业高质量发展的案例分析

本章主要为验证和补充前文关于数字经济对体育产业高质量发展的相关分析,通过梳理和研究数字经济赋能发展较好的两个典型体育企业——春风动力和疯狂体育,总结典型企业的发展历程、数字建设情况,并结合发展实际,提出了相关的经验和启示。

6.1 数字经济赋能体育企业——以春风动力为例

企业数字化是指企业利用数字技术转型升级的过程,体育企业数字化是数字经济与体育产业融合的重要实践。本书采用案例研究法,选取体育用品制造业作为研究对象,基于春风动力的转型事实,分析春风动力开展数字化建设的有利条件,以及企业数字化与企业发展的内在联系。研究发现,数字经济可以对企业的管理水平、经营效率、创新能力三个方面产生影响。最后,总结春风动力的成功经验,进而为其他企业开展数字化建设提供建议,推动体育产业与数字经济融合发展。

6.1.1 春风动力开展数字化建设的典型事实

1. 公司基本情况

（1）公司概况

浙江春风动力股份有限公司（简称春风动力）成立于1989年,是一家专注于大排量水冷动力技术研发制造的国家级高新技术企业。春风动力深耕动力运动产业,积极参与国际竞争,致力于成为世界一流的品牌。春风动力以运动、休闲为定位,生产全地形车与大排量摩托车两类产品。此外,春风动力积极开展新能源系列产品的研发,布局新能源赛道,持续打造CFMOTO特色的机车运动文化,积极投身国际顶尖赛事,以此拉动品牌建设。春风动力于2017年8月上市,发展迅速,行业龙头地位稳固,尤其是全地形车系列产品,长年占据出口市场的70%左右,2021年,春风动力全地形车欧洲市场市占有率排名第一。

(2)公司盈利能力

在国内外复杂形势与各种风险挑战下,春风动力整体经营保持了稳健增长态势,实现了韧性成长,企业综合实力上了一个新的台阶(见表6.1、图6.1)。2022年,公司两轮车累计销售14.53万辆,实现销售收入33.72亿元,同比增长46.70%,稳居行业龙头地位,"两条腿走路"的发展策略,不仅促进了四轮车业务的持续发展,也推动了两轮车业务的蒸蒸日上。

表6.1 2017—2021年春风动力经营状况

主要会计数据	2017年	2018年	2019年	2020年	2021年	2022年
营业收入/亿元	18.18	25.45	32.42	45.26	78.61	113.78
归属于上市公司股东的净利润/亿元	0.97	1.20	1.81	3.65	4.12	7.01
净利润率/%	5.36	4.72	5.58	8.06	5.23	6.16

数据来源:春风动力年报、钱江摩托年报、同花顺数据库。

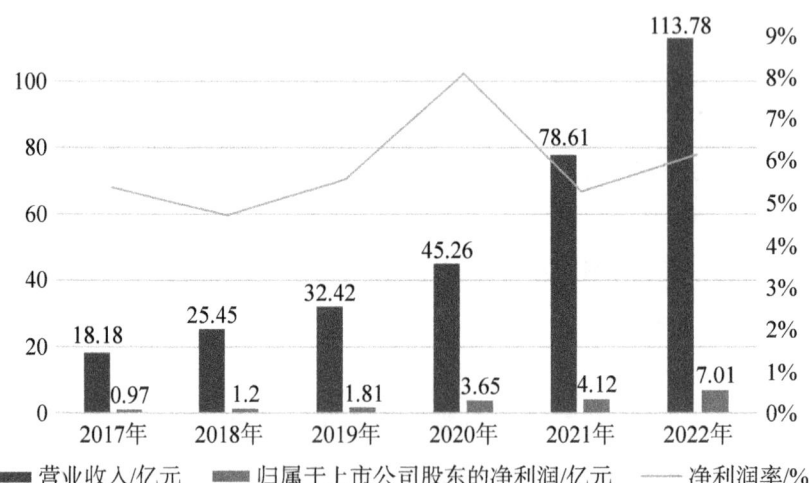

图6.1 春风动力2017—2021年经营趋势图

数据来源:春风动力年报、钱江摩托年报、同花顺数据库。

2. 数字化建设实施与经营成果

春风动力不断探索数字化转型之路(如表6.2)。春风动力在国内较早开启了对设备、物料、生产过程中的物联网技术应用,从2013年到2016年,企业历经基础建设、单项应用、系统集成,实现对生产过程的数字化掌控,可以称为其数字化的第一个阶段——探索阶段。

2017年,春风动力在上交所挂牌上市,募集资金主要用于高端运动装备智能制造优化提升、研发中心建设及数字化营销管理系统项目,可以称为其数字化的第二个阶段——构建阶段,在此阶段,企业高度重视业务创新。

2020年至今,为企业数字化的第三个阶段——扩张阶段,企业加快新一代信息技术与制造业深度融合,逐步打破ERP(企业资源计划)、MES(企业生产过程执行系统)、CRM(客户管理)、WMS(仓储管理)等多项业务系统,实现了从生产自动化到研发设计、管理、仓储物流和服务等全流程智能化发展。

表6.2 春风动力数字化转型发展历程

转型阶段划分	2012—2016年	2017—2019年	2020—2022年
战略定位	开始数字化建设	生产流程数字化	全产业链数字化
发展方向	制造智能	管理智能、创新智能	供应链智能
核心行动	逐步引进高新技术,借助"雪浪OS"打破数据孤岛,建设"未来工厂"	打造"摩范圈"APP,形成产学研合作机制,搭建数据中台,与钉钉合作,实现高效管理	与RPA合作,打造智能化办公体系,协同客户定制平台、数字化设计平台、智能制造平台、大数据运营平台

数据来源:春风动力年报、钱江摩托年报、同花顺数据库。

(1) 生产模式数字化

2012年,春风动力为降低企业运作的各种成本,满足客户订单小批量、多品种以及对交货期、价格、质量更高的要求,开始编制企业智能制造总体规划,并确定了以"数字化推动企业变革,构建新型核心竞争力"的发展战略。企业推动数字化转型,首先就是推行"智能制造"模式在企业的深化应用,发展战略实施以来,春风动力逐步引进轻量化智能弯管机、高端数字加工中心、柔性化自动装配线、智能自动检测线等核心设备,构建起产品生产制造的智能化管控,有效提升了生产效率,降低了企业库存。

2017年,春风动力进一步引入互联网、人工智能、大数据、云计算、5G等新一代信息技术,建立了"特种车辆大规模定制"新模式,并且这一项目于

2018年入选工信部公布的智能制造试点示范项目。

2020年,春风动力已形成较强的高端制造能力,以客户定制平台、数字化设计平台、智能制造平台、车联服务平台、大数据运营平台为核心,实现了从客户到供应链的端到端数据集成。春风动力成功入选浙江省首批"未来工厂",打响"浙江制造"金名片。依托未来工厂大脑指挥中心这一数字底座,春风动力每天实时掌控着生产车间内的每一道工序,实现160多个作业单元协同调度,200多家核心供应商部件检测和2小时生产所需物料线边库直供。

2022年,春风动力入选"数字领航"企业榜单,同时凭借"高端动力装备智慧工厂"项目揭榜智能制造示范工厂,实现了从制造智能到管理智能,到供应链智能,到产品智能,再到产业生态智能的数字化智能工厂转型,并携手华为打造智慧园区标杆,进一步建设"未来工厂"。

(2)产品研发数字化

在产品端,春风动力于2018年发布首款全维度摩友服务APP——"摩范圈",推动摩托车行业进入人车交互的智能车联网时代。同时,春风动力高度重视产学研联合创新机制的建设,2019年通过与高校合作,实现人才培养战略,与知名企业如KTM公司合作,架构并建设起高效协同的数字化研发平台,该平台提供模块化设计、高性能运算、协同设计等多项功能,支撑了研发水平的提升。

2021年,春风动力全力打造第三条业务成长曲线,强化以智能化为核心的产品创新设计,加强对车辆智能感应、自动检测及远程维护等智能网联技术的开发与布置,围绕"人的智慧出行、车的便捷服务",打造"人车互联"出行生态体系,不断优化客户体验。针对销售地域场景和驾驶习惯研发智能化技术,加强智能网联在产品技术层面的深度融合,为用户提供"智慧出行"系统解决方案,拓展利润增长点。春风动力先后获评"国家级服务型制造示范企业""制造业单项冠军"等荣誉称号。

(3)管理运营数字化

2017年,"未来工厂"借助了雪浪OS数字制造中枢系统,搭建指挥中心云平台底层,通过数据清洗和不断的需求反馈、建模优化分析,实现增量变化、实时更新。

2018年,为响应"智能制造2025"和创新驱动指引,春风动力在管理层面加强数字化赋能,安全集成SAP、钉钉等多应用统一管理平台,打造了设计开发、生产制造、经营管理的全过程信息共享和业务协同,以提升内部精细化管理。2019年,春风动力在管理方面结合全球化战略实施,进入以客户价值驱动的数字建设新阶段,进一步搭建"数据中台",推动其精密制造能力、智慧运营能力和服务延展能力实现大幅提升。

2023年1月16日,春风动力与影刀RPA达成合作,携手打造一个覆盖全业务流程的智能化、自动化办公体系,实现工作效率和质量的双提升。RPA不仅可以模拟人类,而且可以利用和融合现有各项技术,实现流程自动化的目标。基于全球领先的影刀RPA技术,春风动力可打通不同平台之间的数据链路,实现数据共通;另一方面,它可以最大程度地实现业务流程自动化,帮助企业数字化转型。2023年3月13日,春风动力正式签约专属钉钉,进一步推动全员在沟通、协同、办公、业务等全场景的数字化转型。

6.1.2 春风动力开展数字化赋能的有利条件和特征分析

1. SWOT分析

(1) 优势——S

a. 研发水平强大

春风动力自建设以来便坚持创新、精准投入,在全地形车与大排量摩托车领域具有先进的技术和丰富的研发经验、具备完整的整车设计、制造、检测实验能力。

2019年起,春风动力开始重视产学研联合创新机制的建设。利用外部资源,如天津大学、温州大学、浙江理工大学等高校,提升自主创新能力,实现高层次人才战略。此外,春风动力还与奥地利KTM公司、意大利MODENA公司等国际知名企业开展合作,提高多渠道运用技术资源的能力,以获取较强的技术与产品优势,进一步提高国际竞争力。

春风动力在研发水平、研发人员数方面明显高于行业平均水平,截至2021年,企业共有技术研发人员811人,占公司总人数的26.59%,研发投入3.79亿元,同比增长60.35%,占营业收入的4.82%。同时,春风动力获得有效授权的专利733项,其中境内617项、境外116项,发明专利38项,部分产品荣获浙江省科学技术成果奖、被认定为国内首台(套)重大技术装配及关键零部件产品。

b. 龙头地位稳固

春风动力全地形车系列产品以自主品牌"CFMOTO"销售,全地形车消费市场主要集中在北美和欧洲地区。根据中国汽车工业协会的统计数据,我国90%以上全地形车都出口到国外,2014—2021年春风动力全地形车出口额分别占国内同类产品出口额的73.33%、67.76%、65.70%、68.96%、72.68%、74.38%、64.55%、72.62%,连续多年出口金额排名第一。目前春风动力在美国与北极星、庞巴迪、本田等一线品牌比肩,市场占有率呈现逐年上升态势。

摩托车产品整体以中高端、运动、竞技、休闲为定位,聚焦中大排量摩托车,全线顺应消费升级趋势,产品覆盖街车、巡航、摩旅等细分市场,得益于精准的差异化路线,春风动力在国内大排量摩托车赛道中脱颖而出,近几年发展势头强劲,产品谱系和排量段不断完善,成熟度快速提升,大于250 cc跨骑式摩托车销量位列行业前茅,2021年其销量占行业总量的12.34%。

c. 产品质量优势

为更好地满足客户需求,布局全球化发展战略,春风动力设立了杭州制造基地、泰国制造基地,形成较强的高端制造能力,在扩充产能的同时有效应对关税加征等不利影响。近年来,春风动力大力推行"智能制造"模式在企业的深化应用,以客户定制平台、数字化设计平台、智能制造平台、车联服务平台、大数据运营平台为核心,实现了从客户到供应链的端到端数据集成。同时,春风动力持续采用自动化、智能化生产制造工艺技术改造现有制造车间的生产线,有效提升了公司产能利用率和智能化制造水平。春风动力以智能制造实践成功入选工信部智能制造试点示范项目、国家制造业单项冠军示范企业、国家服务型制造示范企业、国家级绿色工厂,获得了浙江省首批"未来工厂"称号。

春风动力建立了完善的生产运营管理系统、品质管理系统和信息管理系统,统一实行规模化、标准化的生产,从原材料入库、生产过程控制、产品报检、成品质量控制、售后跟踪服务等方面加强产品的供给质量,先后通过ISO 9001:2000、ISO 14001:2004、AA级测量管理体系证书(省级)、AAA级标准化良好行为企业证书(省级)等认证。同时,春风动力严格按照国际标准生产,按照主要出口国家及地区准入标准进行质量控制,产品通过了E-MARK、DOT、EEC、EPA等认证,使其出厂产品完全满足国家公告、3C认证、生产许可证、环保等规范要求,为其产品进入全球主要出口市场提供了有力保障。

d. 人才团队稳定

春风动力持续推动组织变革,提升效率、强化经营理念和绩效评价应用,董事会由具有丰富管理经验和实战经验的成员组成,中高层管理团队队伍稳定且经验丰富,在市场营销、技术研发、生产组织、质量管控、安全管理、财务管理等方面积累了丰富的经验,已经建立了一个具有卓越决策、管理和执行技能的专业团队。在招聘、培训、管理和激励员工方面,春风动力制定了相关规范,并配备了全面的奖励和激励制度。滚动实施广覆盖的股权激励模式,让更多员工完成从"雇员"向"股东"的身份转变,同时,建立了高素质人才培养体系,营造出良好的工作环境,为员工发展提供了开放的平台,使每个员工都具有极强的专业精神,为公司发展战略的推进提供了坚实的保障。

(2)劣势——W

a. 产品成本缺乏竞争优势,存在供应性风险

春风动力生产所需原材料主要为轮胎、轮辋、减震器组合、齿形传动带等,原材料的价格会受上游铝、钢材、塑料价格波动等因素的影响。由于原材料成本占公司生产成本的比例较大,因此,一旦发生原材料采购价格大幅上涨,将对公司经营业绩造成较大影响。与此同时,公司部分关键零部件和进口配件采购周期长,公司产品在营销大幅增长的情况下,会面临原材料供应不足的风险,产品交付难以保障。

b. 管理层级多,销售部门冗余程度较高

根据图 6.2 可知,春风动力采用公司矩阵组织结构,将公司的职能划分为营销、技术、制造、运营和财务等部门,建立专门的部门来解决证券、员工和战略决策等具体事务和问题。

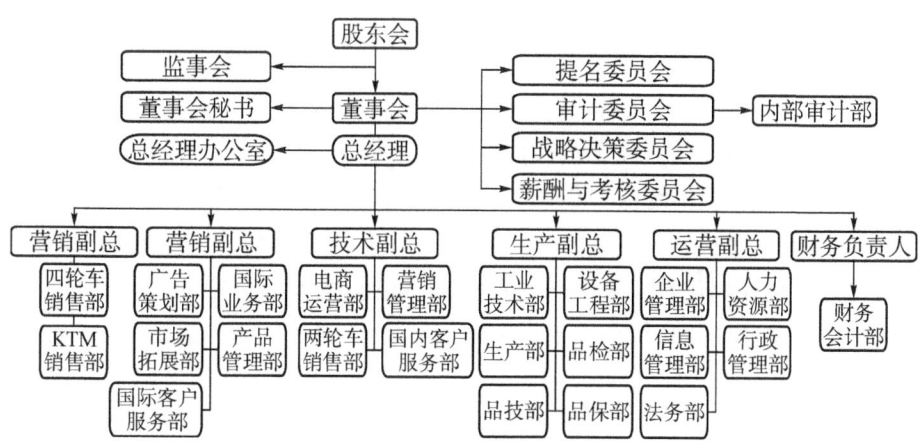

图 6.2 春风动力组织架构

数据来源:春风动力年报、钱江摩托年报、同花顺数据库。

矩阵结构可以为不同的部门职能提供一套整体的方法来执行某些交易,但也可能对业务产生负面影响。例如,员工在不同活动部门之间的流动性增加,这样活动部门内部就会出现"临时工作"的现象,从而导致工作人员缺乏责任感。另外,工作人员受到双重管理,有时会产生混乱和导致工作需求增加。

(3) 机会——O

a. 国内摩托车市场崛起,需求层出不穷

随着国内经济的发展,消费者购买能力持续提升,国内摩托车休闲文化产业逐步形成,以娱乐休闲为主的中大排量摩托车市场潜力充足。据中国汽车工业协会数据,国内 250 cc 以上排量(不含)摩托车销量已从 2011 年的 7 210 台增至 2021 年的 33.30 万台,增长趋势明显。

近年来,国家不断出台激励措施,鼓励使用新能源车等绿色交通工具出行,随着节能减排意识在日常生活中的逐步渗透,绿色出行成为更多人的选择。2019 年 4 月,电动车新国标正式实施,新国标从车速、重量、是否需要牌照等方面重新定义了电动自行车、电动轻便摩托车和电动摩托车,不符合新国标标准的电动车将逐步退出市场,电动摩托车由于其在速度、外形等方面的优势,成为换购人群的重要选择。此外,快递、外卖等应用场景的快速发展,也催生了对电动摩托车的市场需求,其市场增长潜力较大。

b. 欧美消费升级,全地形车消费旺盛

目前全地形车主流品牌有美国的 Polaris、加拿大的 Bombardier 以及日本的 Honda、Yamaha 等品牌。全球消费市场主要集中在北美和欧洲,北美和欧洲全地形车消费量占全球消费量的 89% 左右,其中美国消费占比 73% 左右,欧洲消费占比 16% 左右,其他地区消费占比 11% 左右。

全地形车的发展依赖于消费者收入水平提高、生活方式的转变,目前全球全地形车市场规模约在 120~130 万台,据 Allied Market 预测,全球全地形车市场将持续增长并有望在 2025 年达到 141 亿美元的规模。伴随着全球发达经济体增长逐渐加快,未来全地形车消费量有望保持一定的复合增长率。行业进一步扩容的同时,全地形车爱好者也在影响并推动产业演变,产品结构方面,未来消费者将愈加偏爱更舒适、更安全的坐乘,ATV 产品占比将逐渐下降,SSV 产品将成为发展新动力;在技术领域,全地形车产品将持续向大排量、智能化、轻量化、安全环保的方向转型发展。

c. 国家鼓励数字化转型

2019年9月,国务院办公厅印发《关于促进全民健身和体育消费,推动体育产业高质量发展的意见》,提出推动智能制造、大数据、人工智能等新兴技术在体育制造领域的应用,这为体育用品制造业与数字经济融合发展提供了政策机遇。工业和信息化部、国家发展改革委等8部门日前印发《"十四五"智能制造发展规划》,提出了我国智能制造"两步走"战略:到2025年,规模以上制造业企业大部分实现数字化、网络化,重点行业骨干企业初步应用智能化;到2035年,规模以上制造业企业全面普及数字化、网络化,重点行业骨干企业基本实现智能化。

(4) 威胁——T

a. 国际贸易环境复杂多变

根据春风动力年报,2021年公司实现营业收入78.61亿元,外销全年完成销售收入55.57亿元,同比增长117.50%。不难看出,企业的营业收入主要来源于国外市场,然而,近年来随着国际贸易保护主义抬头,国际市场进出口贸易争端频现,各国政府也针对进出口贸易的不同类别实施相关贸易保护政策,不排除未来相关国家动力运动装备产品的进口贸易政策会发生一些不利变化,进而导致公司关税负担上升。此前,美国近150家全地形车(ATV)零售商曾提出申请文件称,让美国贸易代表办公室(USTR)免除中国浙江某公司所产ATV面临的关税。然而2022年3月23日,美国贸易代表办公室宣布,此前549项待定产品中的352项中国进口商品恢复关税豁免,但并没有相关地形车公司出现在此次豁免名单上。

b. **市场竞争加剧**

由于国内市场竞争环境加剧,国内摩托车生产厂商纷纷加大海外市场的投入力度,出口市场竞争愈加激烈。2021年,得益于国家对疫情的有效控制,支撑了我国摩托车外贸业务的蓬勃发展,我国摩托车出口全年保持了高景气运行,整车出口量851.16万辆,同比增长27.77%。未来在出口市场,除面临国内厂家同类竞争之外,也将面临日系品牌成本降低、价格竞争力提升,以及印度、泰国等国摩托车制造业逐渐强大的竞争压力。

随着春风动力向国际市场不断开拓,以及国外更多知名品牌进军国内,公司在市场上面临的竞争压力也越来越大。面对国内对全地形车需求不足的情况,企业应当如何营销、积极开拓国内市场;面对规模较大、研发水平高的国际品牌,企业又该如何增加产品竞争力、维持市场地位,都是亟待解决的问题。

2. 内部条件(S、W)

根据优势与劣势分析,可以知道春风动力可以开展数字化建设的内在条件主要有:一方面,人才与技术。数字化转型需要各类先进技术的支撑,需要通过技术手段管理企业的各类数据,并把数据作为企业转型的依据。目前在人才市场上,数字人才十分缺乏,水平参差不齐,企业很难招进数字化专业且有实践经验的员工,同时要使人才发挥最大效用,高效的团队必不可少。因此,数字化人才就需要结合企业自身的需要,不仅要懂数字化还要熟悉业务,两者结合才是真正的数字化人才。春风动力将人员的提质增效提上企业内部管理的重要位置,从研发、生产制造到行政等,进行全员全方位的数字化转型,为数字经济赋能企业打好坚实基础。

另一方面,企业的价值主张。企业文化是企业的灵魂,是企业发展的不竭动力。数字化转型必须是自上而下驱动的行为,必须是在领导层的统一部署与决策下进行转型。而在数字化转型过程中,必将出现各类问题,需要企业全员的理解与支持,参与并提出问题、解决问题,快速进行替代。春风动力秉承"和、信、新"的企业理念,建设"以人为本、诚信为骨、创新为魂"的企业文化精髓。这些企业价值主张能够帮助企业在转型过程中攻坚克难。

3. 外部条件(O、T)

根据优势与劣势分析,可以知道春风动力可以开展数字化建设的外在条件有:一方面,政策驱动。为促进数字经济大背景下企业的快速转型升级,国家层面进行了多重关键部署,先后出台了《中国制造2025》《国务院关于积极推进"互联网+"行动的指导意见》《国家信息化发展战略纲要》等一系列文件。近年来,党和国家相继提出"创新驱动发展""建设数字中国"等重大战略。2021年,春风动力因入选"数字化示范推广项目",获得政府补助67.5万元。因此国家战略的统筹规划、国家政策的引导支持,为企业数字化转型创造条件和提供新的机遇。

另一方面,技术变革。技术力量不断推动人类创造新的世界,人类正站在一个新的时代到来的前夜,传统产业借力5G、云计算、AI、大数据和物联网等新兴数字技术,数字经济的发展重心由消费互联网转向产业互联网。春风动力与时俱进,善于将新型技术与工厂生产相结合,提高企业生产效率。

6.1.3 数字经济影响春风动力的机制分析

数字经济为我国实体企业的转型升级提供了技术和动力支持,学术界研究数字经济对企业的影响机制主要从以下几个方面展开:(1)在生产方面,数字化转型可以通过提升企业创新能力、优化人力资本结构、提高生产线服务要素占比、提升企业运营水平四条路径来提高全要素生产率。(2)在管理方面,数字技术可以变革体育用品制造业经营管理模式,具体而言,可以催生"互联网+"服务新模式、构建"人货场"零售新业态、形成"扁平式"管理新方法;数字经济还可以通过降低信息不对称风险和降低管理者决策行为的非理性程度提高决策水平。(3)在创新方面,数字化转型使得企业能够提升组织绩效、创造用户价值以及促进业务融合;并且数字化转型是推动企业创新的外在动因,企业创新是实现数字化转型的内在需求。因此,本节从管理、生产、创新三个方面探究数字经济对春风动力的影响机制,如图6.3所示。

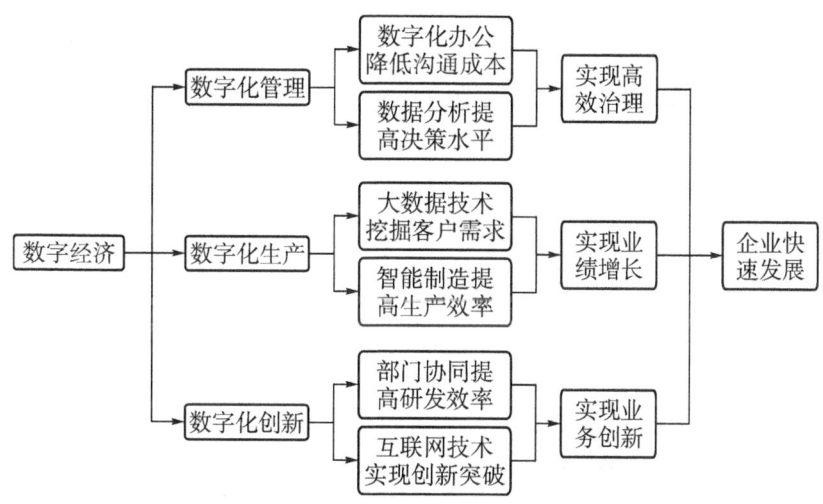

图 6.3 数字经济对春风动力的影响机制
数据来源:春风动力年报、钱江摩托年报、同花顺数据库。

1. 数字经济影响企业的管理水平

(1)数字化办公降低沟通成本

春风动力部门层级繁多,如何在高跨度、多环节的跨部门协作中保证信息和数据的安全,是企业在经营中非常重视的问题。近日来,春风动力上线专属钉钉,春风动力依托钉钉开放的底座能力,打造出专属的自定义工作台。员工和产业链上下游伙伴只需打开钉钉就能在线完成人事、行政、研发、财务、培训、供应链、销售等多场景的业务流程,让内部沟通协同及复杂的上下游产业链实现高效大协同,推动全国营销、信息等部门团队实现高效连接。此外,钉钉的专属安全功能也可做到全面监控审计文件上传、转发、删除等操作信息,全面监控文件日志输出,实现安全无忧。春风动力的高层还表示:"高效协同、高效管理、高效的资源配置是企业得到高质量发展的坚实保障,而钉钉让我们看到了实现企业降本提效、数字化协同的最佳解决方案,未来通过专属钉钉,春风动力将进一步推动全员在沟通、协同、办公、业务等全场景的数字化转型。"

(2) 数据分析提高决策水平

数字经济具有跨界融合、创新驱动、重塑结构和连接一切的特征,企业数字经济化过程会改变企业管理模式,这种改变会降低信息不对称程度,降低管理者决策行为的非理性程度,提高其决策水平,从而提高公司治理水平。

凭借高灵活度和易操作性,影刀 RPA 在各个职能岗位、各个场景均可实现落地,帮助实现流程的自动化转型,推动企业治理方式改革。例如影刀 RPA 可以自动快速输出各类数据报表,助力企业快速响应市场变化。影刀 RPA 帮助春风动力自动汇总分析区域、渠道、品类等收入维度数据,形成完成度、销售执行等收入分析报告;分渠道汇总分析单品销售、退货情况、评论监控数据;分析区域投诉率、区域退货率、单品退货率、投诉问题、处理响应率等。

在信息加工与分析过程中,利用海量数据资源为经营决策服务,涉及企业的数据分析与整合能力。企业可以通过数字经济赋能,对这些报表数据进行挖掘,从中提取出更有价值的信息,提升了企业对数据资产的利用能力。管理层以及操作人员可以根据数据的分析结果作出更优的决策,还可以快速获得决策实施后客体的反馈结果,对自己的决策进行进一步优化调整。

2. 数字经济影响企业的经营效率

(1) 大数据技术挖掘客户需求

互联网、物联网、大数据和人工智能等数字技术扩大了企业在收集公司数据时的信息深度和广度。企业可以获得消费者在搜索引擎和购物网站上的搜索信息以及社交网络上的点赞和评论数据。这些大量的数据作为一种重要的生产要素被投入生产过程中,使企业能够根据客户的需求制定策略,并进一步提高营销的准确性。

在数字化营销方面,针对不同客户的产品需求,制定出个性化的解决方案,推动产销对路,铺设线上线下双营销渠道。例如,春风动力开发的 CFMOTO MORE FUN(摩范圈)APP,是一个以人车互联为核心的智能网联移动服务平台,APP 集合了人车互联、摩友互动、服务共享、会员中心等一系列功能,为专业的摩托车爱好者创造周到的用车体验。用户可以通过摩范圈 APP 自行记录骑行过程中的许多细节和操作习惯,例如骑行的距离以及行驶时间,有过几次加速、几次压弯,极速是多少等信息。社交圈页面让用户可以在"摩范圈"里发起自己感兴趣的话题,例如讨论头盔、骑行服等装备,让大家给出更合理的参考意见,也可以发表自己的骑车心得。对于用户来说,通过这些数据可以分析出自己骑行过程中的不良行为,通过纠正自己的不良驾驶行为,进而保障驾驶安全;对于企业来说,企业收集到这些信息,有助于企业对消费者群体进行用户画像和精准定位,例如在骑士商城中推送更多吸引消费者的活动。骑士商城是 APP 中的购买功能,该功能使得消费者足不出户,在家就能买到自己心仪的改装件或者装饰件。如果对上市新车有兴趣还可以在线预约试驾,更可以网上下单,订购爱车。

(2) 智能制造提高生产效率

实现车间信息资源的集中管控,是数字经济时代体育用品制造企业生产创新的基本逻辑。近年来,春风动力大力推行"智能制造"模式在企业中的深化应用,以客户定制平台、数字化设计平台、智能制造平台、车联服务平台、大数据运营平台为核心,实现了从客户到供应链的端到端数据集成。同时,春风动力持续采用自动化、智能化生产制造工艺技术改造现有制造车间的生产线,有效提升了产能利用率和智能化制造水平。

数字化转型可以实现智能化运转,降低成本费用。企业通过数字化转型,开发数据资产中蕴藏的巨大应用价值,助力企业实现智能化运转,提升劳动力使用效率,减少不必要的劳动力数量。在车间生产制造方面,春风动力大力推进产业"智慧化"建设,以工厂大脑为蓝图,深入运用数字孪生、数据中台、5G 通信、人工智能、工业互联网等先进技术,持续引进高精度自动化产线、智能检测、工业机器人、智能仓储物流等装备,形成快速响应市场个性定制需求的高效柔性协同制造,持续打造数字化智能工厂。

具体而言,将数据作为生产要素投入生产过程,主要通过以下几个方面提升企业生产效率:首先,实现了生产流程的自动化管理,避免了人工干预带来的错误和延误。其次,可以实时监控生产线运行情况,监测生产设备的状态和运行参数,发现问题及时进行处理,避免生产线的故障和停机。再次,对企业的生产数据进行收集、分析和处理,企业可以更好地了解生产过程中的瓶颈和问题,并针对性地制定改进措施。最后,通过大数据可以实现对原材料、半成品和成品的自动化库存管理,避免过多的人工干预和库存浪费。

总而言之,物联网的应用实现了机器与机器之间的交流互通,各个生产制造环节不再是孤立的,自动化生产系统和信息化管理系统实现有效结合,使得基于数据资产整合的产品全生命周期管理成为可能,从而大幅提升生产效率。因此,互联网技术的应用,将有效减少资源错配,降低企业多项成本费用。

3. 数字经济影响企业的创新能力

(1) 部门协同提高研发效率

研发创新是春风动力关注的重点。作为自主研发出口龙头企业,春风动力掌握多种形式大排量水冷发动机的自研与生产能力。截至2021年,春风动力新增4项发明专利、126项实用新型专利和14项外观设计专利。截至报告期末,春风动力已获得有效授权的专利733项,其中境内617项、境外专利116项,企业通过持续创新巩固了市场地位,提升了企业核心竞争力,为其在未来可持续发展打下了坚实基础。春风动力研发趋势如图6.4所示。

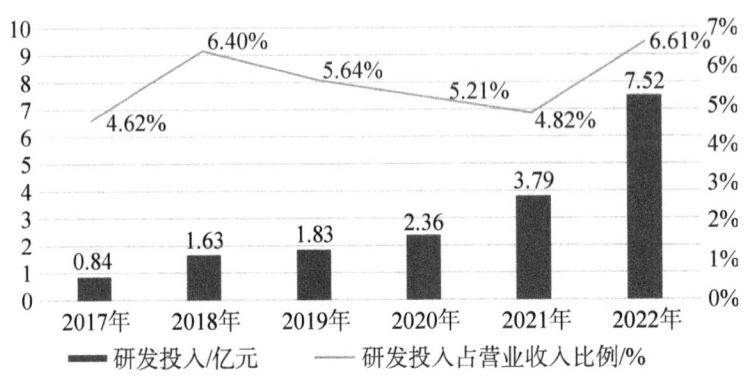

图 6.4 春风动力研发趋势图

数据来源:春风动力年报、钱江摩托年报、同花顺数据库。

春风动力的研发投入资金以及研发人员数量明显高于行业平均水平并逐年递增,研发投入占营业收入的比例递减,说明公司研发效率递增,相比竞争对手——钱江摩托,春风动力与钱江摩托2017年研发费用并无显著差距,但 2021 年春风动力的研发费用已经高出钱江摩托近 1 倍。如表 6.3、表 6.4 所示,春风动力凭借创新研发及企业规模扩大实现了营业收入快速增长,从 2017 年的 18.18 亿元增长到 2021 年的 78.61 亿元,5 年内增长了 4.3 倍,于 2020 年反超竞争对手钱江摩托,并维持领先地位。

表 6.3 春风动力与钱江摩托研发费用对比表　　　　　　　单位:亿元

年份	2017	2018	2019	2020	2021	2022
春风动力	0.84	1.63	1.83	2.36	3.79	7.52
钱江摩托	0.84	1.20	1.54	1.66	2.16	/
行业均值	0.92	1.21	1.7	1.68	2.14	/

数据来源:春风动力年报、钱江摩托年报、同花顺数据库。

表 6.4 春风动力与钱江摩托营业收入对比表　　　　　　　单位:亿元

年份	2017	2018	2019	2020	2021	2022
春风动力	18.18	25.45	32.42	45.26	78.61	113.78
钱江摩托	27.16	30.89	37.85	36.12	43.09	/

数据来源:春风动力年报、钱江摩托年报。

(2)互联网技术实现创新突破

春风动力坚持"调结构、强品牌、提性能、开新品"的产品策略,紧跟用户消费需求,顺势而为、全面创新,稳步推进以两轮车、四轮车为核心的大排量动力产业转型升级。加快实施新能源车和燃油车双线并进产品策略,积极开拓电动化产业新赛道,CFORCE EV110、首款电摩 AE8 相继筹备,全力打造公司第三条业务成长曲线;强化了以智能化为核心的产品创新设计,加强对车辆智能感应、自动检测及远程维护等智能网联技术的开发与布置。

在重点开发新车型的同时,着力推行已上市产品的更新迭代,全方位提升产品竞争力,满足用户多样化需求。报告期内春风动力各个产品项目按计划稳步推进,250SR 赛道版、800MT、1250TR-G、UTV600 等重磅车型相继上市销售,获得市场上的广泛关注和一致好评。根据春风动力营业收入构成情况(表 6.5),春风动力的主营业务即四轮车与两轮车分别从 2019 年的 18.28 亿元、11.51 亿元增长到 2022 年的 68.38 亿元、33.72 亿元,增长幅度巨大。

表 6.5　春风动力营业收入构成表　　　　　　　　单位：亿元

年份	2019 年	2020 年	2021 年	2022 年
四轮车	18.28	22.48	48.79	68.38
两轮车	11.51	18.61	22.98	33.72
配件	1.71	2.66	4.26	8.35
发动机	0.27	0.52	0.76	3.33
其他业务	/	0.97	1.81	

数据来源：春风动力年报。

6.1.4　数字经济赋能春风动力的经验总结与启示

新时代企业的发展主要包括"量的合理增长"和"质的有效提升"两方面，这说明企业一方面需要注重生产率的提高，另一方面要将创新放在更重要的位置。

1. 制定长远的战略与树立正确的理念

数字基础设施政策应遵循以点代面、有所侧重的实施策略。具体而言，在数字基础设施政策的实施过程中，应当分类精准施策，依照企业自身资源禀赋，探索独具特色的数字化转型路径。因此，企业数字化转型成功的第一步就是制定一个明确而连贯的数字化战略，并将其完全整合到企业整体的战略中去。如果整合不完善，任何后续措施都必然会出问题。然而，制定正确的数字战略对于很多公司来说都是个挑战。数字领先企业与一般企业之间的差距集中体现在战略方面。

企业进行数字化革命必然首先是对管理层理念的革命，倘若没有思想和理念的转型，企业的数字化之路就会因为各种新和旧的矛盾而停滞不前，因此，对于传统制造型企业来说，数字化转型之路的开始应该是从管理层治理思想和理念的转型开始。春风动力的常务副总经理高青曾说："智能制造的历程是整个企业的战略举措，需要持之以恒地去投入，也需要组织变革，才能够将数字化整合好，发挥真正的作用。数字化的过程不易，但对春风动力来说，作为高度离散的高端装备企业，要参与国际竞争，向国际化的研发能力、制造能力、品牌和市场推广能力看齐，数字化必不可少。"2015 年，其企业发展方向为"打破数据孤岛"，即着力将系统打通，实现全业务链的信息驱动，伴随着产品智能化实现产品全生命周期的信息追溯。立足于更高战略方向，持续推动生产、管理、供应链、全产业链的数字化,促进企业向数字化、智能化、绿色化转型发展。春风动力将自己"要成为国际一流的运动品牌",定位清晰后,技术能力的提升、市场的拓展、品牌的培育、运营管理和制造能力的强化,都会成为支撑战略目标的相应内容。定位与战略之下,数字化对企业来说,就是一个需要高度重视、长期践行并不断完善的过程。

2. 重视数字人才和技术

企业数字化转型的关键就是核心技术的研发和创新人才的培养及团队搭建。因为,企业数字化转型,说到底是新技术在原有产品或服务上的应用和创新,只有企业真正掌握数字化时代下的大数据、机器学习、人工智能、物联网、云计算、区块链、数字孪生等技术,才能将新技术融入自身产品的应用和创新。将数字技术嵌入员工工作场所、生产流程等多个环节中去,可以实现信息资源系统化、专业化发展。要想保持绩效水平的持续提升,企业就必须要更加重视技术层面的创新。如大力支持开展研发活动、合理投入研发经费等,使得现有的库存资源发挥出最大价值,从而提升企业产品性能,增强企业竞争力,进一步提升企业创新绩效。并且,学习和掌握这些新技术,对于企业来说就是创新人才培养和管理团队搭建的过程,想要专注于数字化领域的企业,一定要对企业人才进行提前的储备和培养,不可以出现传统型制造企业只重业务不重技术的情况。人才引进是企业发展的发动机。要成为行业优秀的领头者,离不开优秀的人才队伍。通过外部引进人才和内部培养人才相结合的方式,为企业的发展提供内生动力。对外构建产学研协同机制,打造稳定的协同研发创新平台;对内完善育人机制,建立学习型组织,从而培育更多专业型和复合型人才,扩大高素质专业化人才队伍,这样才能主动跟上时代的脚步,从而推动企业的转变。

在实行数字化转型的过程中,春风动力致力于加强核心团队建设,尤其是运营管理团队和技术研发团队,完善人才管理机制及梯队建设。2021年,春风动力的研发人员数量为811人,占公司总人数的26.59%,同时,对业务人才和技术人才实现双培养,为企业的数字化转型提供源源不断的活力。因此,具备了适当的技术积累和人才的培养、管理理念,才可以保证企业数字化转型团队的建立和企业创新的产生。

3. 以消费者需求为导向

企业进行数字化转型的最终目的,是更加高效和更加优质地为消费者提供产品和服务,并且,这种围绕消费者需求展开的数字化转型是针对用户痛点的转型,这种转型带来的对消费者需求的满足会大力迎合消费者意愿,从而带来产品销量和服务质量的提升。因此,在数字经济时代,企业的营销模式需要从以产品生产为导向转为以消费者需求为导向,把满足客户和消费者的需求作为重要目标,有针对性地进行生产和服务流程等多方面的优化和革新,实现多渠道、多触点的服务透明化。借助"互联网+",企业可以将消费者的个性化需求进行同质化解构,形成个性化定制和大规模生产的平衡。

以春风动力为例,公司为满足客户订单小批量、多品种以及对交货期、价格、质量更高的要求,在分析市场发展趋势和企业自身管理状况的基础上,研究确定建成"支持个性化定制的特种车辆智能制造模式",并提出"基础建设—单项应用—系统集成—协同创新"的传统产业转型升级路径。有别于其他工厂的智能化改造,春风动力在智能制造演进中练就了混线生产的能力。简单来说就是一条生产线,并非只能生产单一的标准化产品,而是既可以生产两轮车,也可以生产四轮车等多类别的产品,这对于工厂内实现数据联动及各生产环节的高效协同制造有很高的要求。

春风动力的用户还可以通过企业的官方 APP 在"车辆配置"模块自主选择车型、颜色以及行车记录仪、后置工具箱等配件设置。春风动力在研发端配置了 1 800 个数字模型作为支撑,切实满足了大部分摩托车友的个性化定制需求,因此,春风动力的市场占有率也获得了很大的提升,春风动力智能化的品牌形象也深入人心。所以,传统企业想要通过数字经济赋能企业发展,必然要切实的围绕消费者需求进行产品升级和服务改进。

6.2 数字经济赋能体育企业——以疯狂体育为例

随着数字化进程的加速,众多体育企业也开始布局,通过提升自主研发和创新能力,抑或是展开合作和人才挖掘,来打造企业的数字生态链。疯狂体育是中国领先的数字体育娱乐企业,拥有十分成熟的数字化融合经验。本书以疯狂体育作为研究案例,分析其开展数字化建设的有利条件及影响路径,总结数字经济赋能的成功经验,为加快体育产业与数字经济融合提出新思路。

6.2.1 疯狂体育开展数字化建设的典型事实

1. 公司简介

疯狂体育集团是中国领先的数字体育娱乐社区运营商和互联网体育产业的龙头企业。疯狂体育的前身为第一视频集团。2018年,第一视频收购疯狂体育,公司业务主要分为两类:体育及彩票相关业务和电信传媒及电商业务。2020年,第一视频宣布重组,由于体育及彩票业务出现快速增长,但电信传媒及电商业务利润低、市场竞争激烈,企业仅保留体育彩票作为主营业务,并于2021年正式更名为"疯狂体育"。此后,疯狂体育以"疯狂红单+彩票销售、赛事+竞猜、IP+游戏"为核心业务,致力于打造一个多维度的体育赛事平台。

2. 数字化发展阶段

(1) 第一阶段——萌芽期

21世纪初期,数字经济正处于萌芽时期,数字技术发展缓慢,主要以电子商务为代表,多数企业借助互联网开展在线购物、在线支付的业务。2005年,公司成立并开始着手数字管理与大数据应用。2006年,企业于香港上市,成为中国第一家上市的视频企业。2010年,公司开展互联网彩票相关业务,该业务发展迅猛,成为企业的主要收入来源,同时,凭借电信传媒业务迅速跻身中国实力新传媒企业行列。

(2) 第二阶段——探索期

在此阶段,企业逐步引用云计算、大数据、物联网等技术。2012年,企业扩展手游业务,旗下中国手游娱乐集团在美国纳斯达克上市,成为中国第一家在海外上市的手机游戏企业。随着互联网发展至"微时代",公司随之开始开发"云新闻"平台,云平台启用了全新V1系统,集云计算、云存储、云搜索为一体,为用户提供新闻、直播、交友等社交功能。云平台的上线增加了企业的广告收入,并为彩票、游戏等频道带来巨大收益。与此同时,随着国家政策的调整,企业推出"彩票365"APP,软件一经上线,就吸纳了450万用户,成为当年下载量最高、活跃用户数量最多的APP,获得工信部中国通信学会颁发的"2012年度产品创新奖"。

(3) 第三阶段——成长期

在此阶段中,企业已经可以较为熟练地运用智能技术,凭借其数字化实力与优势,基于5G技术全方位打造体育文化生态圈,建成线上线下同步的体育社区彩票系统。2017年,企业按照国家政策停止互联网彩票的销售,互联网的快速发展让企业找到了新的突破点,即"数字+新文娱",新文娱包括新文化、新媒体、新体育三个方面。这是企业迈向以体育为核心业务的第一步。与此同时,企业首次将人工智能引入旗下"投将"APP,实现"网端联动"的营运模式。2018年,企业建立云计算大数据中心,实现业务间的数据共享、数据挖掘;跟随时代潮流与5G通信技术的发展,创新直播新形式,推出机器人播报新闻的方式;与中国移动、中国电信、小米、联想等企业合作,应用区块链技术记录商品交易各个环节,形成规模化效应,打造数字经济交流平台——量子港,为各类企业、供应商、消费者提供有竞争力的供应链解决方案。

(4) 第四阶段——成熟期

2020年,企业更名重组,不再经营电信传媒业务,在海南开展基于区块链技术的赛事竞猜平台,助力海南体育娱乐业的发展。凭借创新引领数字赋能,疯狂体育成为体育产业中唯一一家获得国际科技界"2020行业领军品牌"大奖的企业。2021年,企业与火链科技达成战略合作,围绕区块链技术赋能体育竞猜行业,采用数字货币支付作为新业务模式,力争打造"体育+区块链"典型案例。2022年,企业对产品更新换代,疯狂红单通过多样化的产品设计和功能,科学分析赛事,丰富用户体验,被提名普华永道"体育风云科技奖"。

表6.6 疯狂体育数字化发展历程

阶段划分	萌芽期 2005—2011年	探索期 2012—2016年	成长期 2017—2019年	成熟期 2020—2023年
公司战略定位	传媒+彩票	传媒+彩票+手游	体育及彩票业务	体育彩票+赛事+游戏
发展方向	成为领先的新媒体企业	成为领先的新媒体企业	成为智慧型互联网体育企业	成为国内最大的数字体育娱乐集团
业务模式	第一视频、V1系统	云新闻、中阿影视	参与体育赛事、疯狂红单、量子港平台	乾坤数藏、AI大数据红单模型
核心行动	大数据	人工智能、云存储、云计算	区块链技术	AI算法、虚拟技术

数据来源:疯狂体育2021年财报。

表 6.7 2021—2022 年企业分类业务收入表

	2022 年		2021 年	
	收入额/万元	占比/%	收入额/万元	占比/%
体育知识付费平台	18 218	28.8	11 940	25.7
体育社交互动平台	8 372	13.3	7 668	16.7
体育及休闲游戏	32 312	51.1	23 679	51.5
体育彩票	1 646	2.6	2 779	6.1
数字藏品平台	2 640	4.2	/	/
合计	63 190	100	45 921	100

数据来源:疯狂体育 2021 年财报。

6.2.2 疯狂体育开展数字化赋能的内外部环境分析

1. 企业内部环境

(1) 技术层面

技术一般包括企业现有技术以及尚未被企业引进的技术。从技术层面上来说,大数据、云计算、物联网、区块链、人工智能、5G 通信等新兴技术都属于数字经济的范畴。数字技术的发展为信息的流通和处理提供了可能性,它贯穿了社会生产的各个方面,加快了信息的传播及应用,推动了社会的发展和财富的增加。数字技术的运用体现了企业在数字化方面的自主研发能力,疯狂体育将数字技术熟练运用于企业创新之中,推动了企业的数字化建设。依靠大数据等数字技术,企业能够对用户信息进行分析,精准筛选出体育用户的消费偏好,为用户推送有效信息。

①大数据技术。疯狂体育对数字技术的熟练运用是使得数字经济能够赋能企业成长的基石。大数据分析以及人工智能是疯狂体育重点关注的技术。疯狂体育的核心业务——疯狂红单,是企业推出的集比赛直播、情报解析、实时数据及互动社区等功能于一体的体育赛事预测 APP。疯狂红单的大数据研发受到全行业关注。2022 年 6 月 1 日,普华永道对外公布"体育风云科技奖"获奖名单,疯狂红单入围体育商业——大众体育赛道前三甲。

在产品功能方面,"红单模型"以实时动态数据、赛事信息为核心进一步升级,"大头指数"板块上线后,深受用户青睐。另外,新增篮球数据模型功能,解决篮球用户痛点。经过升级后,平台目前 AI 算法数据共包含"红单模型""赛事锦囊""模型分析"及"大数据"等产品形式。疯狂红单提供的赛事分析内容也是多角度、立体的,既有文字内容,又有短视频赛事分析,诸多专家还通过直播,与用户进行多层次互动,为用户提供多种类付费内容。

②人工智能技术。借助先进的数字科技,疯狂红单在2022年世界杯期间与"虚拟人沐岚"展开跨界合作。将元宇宙三大赛道之一的虚拟人引入付费体育知识消费新场景,创造了行业新模式,促进了付费体育知识的创新。2022年世界杯期间,"虚拟人沐岚"创造了70%+的命中率、世界杯赛事9连红的可观战绩,并通过"视频+直播"的方式与用户进行互动,极大地丰富了用户体验,成功吸引了年轻人群和泛体育人群的眼球,实现了销量转换和用户留存。

除此之外,企业紧跟社会发展步伐,积极布局AIGC相关技术,将热门应用ChatGPT接入乾坤数藏平台,通过对ChatGPT的二次训练,实现不同的AIGC商业化付费订阅模式。与此同时,ChatGPT区块链社区,也是疯狂体育集团将人工智能带入WEB 3.0领域的一次重大创新,不仅拓宽了AI的应用范围,同时也开创了ChatGPT商业化的历史性探索。"藏话社区"目前已经基于微信公众号正式上线WEB 3.0内容社交开放平台,用户在一键授权使用后,可以自动使用OpenAI的相关功能,为文章做总结和概述,同时将文章内容在区块链上进行存证,提供多种商业化的WEB 3.0内容社交运营解决方案,提升了内容价值。

(2) 组织层面

组织维度的影响因素主要体现在管理模式方面,主要涉及企业资源与高管特质。它是服务业数字化转型开展的重要空间。

①企业文化。组织因素为企业数字化提供发展空间,企业的组织文化是一个企业的灵魂和精神象征,是所有员工在精神层面上达到一致认可的集合体。企业文化具体包括企业理念、企业制度、良好的行为规范以及积极的企业作风。每个成功的企业都有自己鲜明的企业文化,这也是企业参与激烈的市场竞争、应对挑战的精神动力源泉。企业文化是企业每一个员工无形的约束力量,高层次的企业竞争也是企业文化之间的竞争,去除产品和服务,企业文化也是一种十分重要的无形资产。

②人力资本。人力资本是影响数字化投入与产出的重要因素,其中最重要的就是高层的管理能力。数字化转型不仅包括购买数字基础设施或使用

数字技术,还包括组织内部的管理改革,这与管理团队的有效领导密不可分。拥有数字化思维技能的高层团队能够感知数字化环境的变化,为公司数字化发展制定发展蓝图,坚决推进转型的一切工作。企业领导者必须掌握先进的管理实践,员工必须积极学习信息技术,以确保高质量掌握相关技能和响应市场需求的能力。企业必须鼓励员工正确理解数字化在企业治理中的好处,并积极利用数字化的发展机遇。

因此,推行数字化战略需要管理者构建完备的数字化组织架构,尤其是要实现扁平化的管理方式。疯狂体育高度重视数字经济的发展,企业管理层在数字经济发展方面做出了全面布局,企业跟随数字经济的发展趋势,加强技术研发,扩大创新能力,提升用户体验,拓展数字体育娱乐业务,打造数字体育娱乐平台,通过技术强化传统体育产业。此外,企业还与12个国家的25家研究机构合作,利用各个合作伙伴的先进技术,有效提升各产业链的数字化水平。

企业规模。企业规模主要从资源禀赋和技术经验两方面影响数字化转型。一家企业上市的时间越长、规模越大,那么它拥有的资源以及积累的技术经验就越多,从而对研发相关风险的抵抗力就越强。因此,资产规模越大的企业,越要关注企业的发展转型,更要积极开展数字技术的创新和研发投入。

资产总额是反映公司规模大小的重要指标,资产总额增加得越多,说明公司在一定时期内资产经营规模扩张的速度越快。根据新华体育公布的《2022中国体育公司经营榜》显示,疯狂体育的总资产为11.1亿元,同比增长14.36%。从表6.8可以看出,虽然疯狂体育与其竞争对手——舒华体育、莱茵体育相比,还有一定的差距,但其总资产增速较高,说明企业规模在不断扩大,且净利润的增速与同行业企业相比,有明显的领先优势,疯狂体育的企业发展趋势明显向好。

表6.8 2022年疯狂体育与竞争对手经营状况对比表

公司名称	总资产/亿元	总资产增速/%	净利润/亿元	净利润增速/%
莱茵体育	19.15	−11.57	−0.94	−31.43
舒华体育	18.13	−10.02	1.158	−15.45
疯狂体育	11.1	14.36	1.28	219.02
智美体育	5.87	−3.50	−0.48	−8.78

数据来源:莱茵体育、舒华体育、疯狂体育、智美体育的2021年财报。

2. 企业外部环境

外部环境因素是企业开展数字化建设的支撑。根据PEST分析法，企业外部环境可分为政治、经济、社会、文化四个方面，具体包括国家政策、经济发展水平、市场状况、价值观念等因素。随着我国政治、经济、文化的快速发展，人民生活水平和全民健身意识得到了极大提高。国家大力推动体育产业数字化转型，鼓励体育技术深度融合，在互联网信息技术发展和移动通信设备普及的基础上，中国大众将迈入"互联网＋体育"时代。

（1）政治因素

当前，数字经济正成为促进经济高质量发展的重要驱动力，政府也相当重视数字技术对经济社会的促进引领作用，我国的数字经济政策经过数十年的发展重视程度日渐提升，与之相关的宏观政策也在不断加强。疫情发生后，各地政府纷纷出台相关扶持措施，重新启动体育企业经营和生产。此举全面促进了体育相关产业的发展，加快了体育产业与相关产业的深度融合和数字化转型。

①促进数字经济政策。党的二十大提出加快建设网络强国、数字中国，促进数字经济和实体经济深度融合。现如今，数字经济正成为推动工业现代化的重大突破口和经济高质量增长的重要引擎。数字经济的快速发展，促进了新的市场主体的快速增长，创造了大量的就业机会，成为保障就业、民生和市场主体的重要渠道。《"十四五"体育发展规划》中明确提出要加快体育产业与数字经济融合，把体育数据变成创新的动力和重要的资源，实施体育领域数字化战略，通过数字化转型和数字化改革，推动体育领域的结构优化和流程转型，实现体育和体育领域更深层次的体制改革和高质量的发展。我国数字经济相关战略规划如表6.9所示。

表6.9 我国数字经济相关战略规划（部分）

时间	文件名称	重点内容
2016年	《国家信息化发展战略纲要》	提出建设网络强国"三步走"计划
2018年	《数字经济发展战略纲要》	明确了我国数字经济发展基础设施、服务等方面的系统战略部署
2019年	《国家数字经济创新发展试验区实施方案》	国家数字经济创新发展试验区工作开展法规
2020年	《关于构建更加完善的要素市场化配置体制机制的意见》	分类提出了土地、劳动力、资本、技术、数据五个要素领域改革的方向

续表

时间	文件名称	重点内容
2021年	《"十四五"大数据产业发展规划》	围绕数据要素价值的衡量、交换和分配全过程做出顶层部署
2022年	《"十四五"数字经济发展规划》	从顶层设计上明确了我国数字经济发展的总体思路、发展目标、重点任务和重大举措
2023年	《数字中国建设整体布局规划》	明确了数字中国建设整体部署战略

数据来源:国家发展与改革委员会网站。

②促进体育消费政策。体育消费是居民生活服务消费的重要组成部分,随着健康中国战略和全民健身国家战略的深入实施,体育消费步入发展快车道。政府立足于现代化体育强国建设战略高点,相继出台《全民健身计划》《关于促进全民健身和体育消费推动体育产业高质量发展的意见》等系列高规格政策文件,提出要将体育消费作为推进服务性消费提质扩容的首要内容,并把促进体育消费作为体育强国建设和推进体育产业高质量发展的战略任务。2022年12月,国家发展改革委印发《"十四五"扩大内需战略实施方案》,提出"促进群众体育消费,加快消费提质升级"的目标,在政策上促进了体育消费升级转型。我国体育消费相关战略规划如表6.10所示。

表6.10 我国体育消费相关战略规划(部分)

时间	文件名称	重点内容
2014年	《关于加快发展体育产业促进体育消费的若干意见》	首次把全民建设上升为国家战略,把增强人民体质作为根本目标
2016年	《全民健身计划(2016—2020年)》	形成规范有序的体育健身休闲市场,城乡居民体育健身消费水平明显提高,体育健身服务从业人员有较大增加
2016年	《"健康中国2030"规划纲要》	推进健康中国建设,要坚持预防为主,推行健康文明的生活方式,营造绿色安全的健康环境,减少疾病发生
2019年	《进一步促进体育消费的行动计划(2019—2020年)》	到2020年,人民群众的体育消费观念显著提升,体育消费习惯逐步养成,体育消费设施更加完善,体育消费环境更加优化,体育消费产品和服务供给更加丰富,体育消费政策更加健全
2019年	《国务院办公厅关于促进全民健身和体育消费推动体育产业高质量发展的意见》	到2022年,体育服务增加值占体育产业增加值的比重达60%

数据来源:国家发展与改革委员会网站。

(2) 经济环境

消费市场。党的十九大以来,在党和政府的高度关注和重点支持下,我国体育消费快速发展,消费规模持续扩大,消费水平显著提高,消费市场逐步建立,消费意识有序养成。当前,体育产业市场规模达2.74万亿元,占国民经济2.53%,预计2025年将增长至2.8万亿元,复合增长率超过13%。

随着经济的复苏,体育产业发展势头良好,未来也将迎来一系列重大赛事。2022年卡塔尔世界杯,成为体育产业发展的增长引擎。2022年世界杯期间,中国世界杯竞猜型彩票销量达人民币588.2亿元,为国家募集彩票公益金123.5亿元,比2018年增加了37.7亿元,增幅高达43.9%。体育彩票热度提升,带动了企业各产品的发展。在此期间,疯狂红单APP活跃用户人数为322万人,达到历史新高,较2021年欧洲杯期间增长43.5%;疯狂体育APP付费转化率得到提高,全年收益较2021年相比,上涨9.2%。

市场发展空间巨大。体育产业作为具有较强成长性和可持续性的新兴、绿色、朝阳产业,具有产业增长空间大、产业关联性强、产品具有双重价值属性等优势。

从产业增长规模来看,《"十四五"发展规划》与《体育强国建设纲要》分别提出到2035年要实现经济总量翻一番和将体育产业建设为国民经济支柱产业的远景目标,届时体育产业增加值将占GDP总量的4%左右。结合2022年国民经济发展公报推算,距2035年全国体育产业整体规模达5万亿元还有超70%的增长空间,体育产业规模增长空间巨大。

从体育产业关联性来看,体育产业具有产业链长、横跨第二、第三产业、贯通上下游产业的特征。在新征程建设进程中,体育产业与旅游、康养、文化等产业进一步融合,催生新型体育消费业态,拓展体育消费新空间已成为必然趋势;同时,体育服务业与体育用品制造业也将进一步协同共生,促进体育产业集群发展,更好地发挥产业融合聚集所产生的规模效应、辐射效应和关联效应。

从产品价值属性来看,体育产品服务所具有的能够同时满足大众健康需求和精神娱乐需求的特性,会促使大众从"理性经济人"角度出发,在日常消费中更多地选择体育产品进行消费,提高大众的体育消费水平。

(3) 社会环境

①健康的消费观念。首先,公众对体育消费的认识有所提高。在体育消

费发展之初,公众普遍认为体育是政府提供的公共服务,为体育活动和服务付费的观念非常淡薄。然而,随着体育从公共服务向个性化消费的发展,公众逐渐建立了积极主动的体育消费观念。例如,近年来,即使参加马拉松运动需要支付不菲的住宿、交通以及报名等费用,但中国的许多马拉松赛事都出现了供不应求的现状。其次,人们已经从对"物质文化生活"的需求转变为对"美好生活"的向往,而体育消费正属于新时代人们美好生活的重要组成部分。根据《2020年健康医疗预测报告》显示,中国的慢性病患病率已达20%,因慢性病死亡的人数占全部死亡人数的83%。体育产业在人们日益增长的对美好生活需求与不良健康状况的矛盾之间,存在着巨大的发展机遇。同时,在消费升级的大背景下,消费结构正在向以享受、服务和体验为主的方向发展,体育消费日趋多元化。一方面,人们的关注点转向专业技能、装备配置和竞技水平,体育消费从"偶尔"转向"专业";另一方面,消费者对中高端运动的需求也在增加,尤其是钓鱼、冰雪、自行车、露营、攀岩和马术运动。

②庞大的人口规模。消费人口的规模决定了体育市场的规模。我国人口众多,对体育产品有消费欲望的消费者在人口中占据了很大一部分。国内体育消费活跃的城市包括上海、天津、重庆等。其中,据《2019年上海市全民健身发展报告》数据显示,2019年上海市有体育消费的人口占总人口的80.3%,而作为首批入选国家体育消费试点城市的杨浦区,体育消费人口比例更是高达87.5%,相较于2015年的71.5%上升了16个百分点。2022年,长春、西安等地体育消费人口也突破了全市总人口80%的界限。可以看到,当前大众体育消费行为不断增加,体育消费人数不断增加,社会体育消费氛围日益浓厚。从竞技体育节目以及体育彩票中获得的刺激感与满足感已然成为现代人的解压方式。根据财政部公布的数据,2023年1~4月,全国共销售彩票1751.5亿元,同比增长49.3%,创五年来新高。彩票市场的需求活力不断增加,其中年轻人是主要的消费群体。

③技术环境。借助互联网信息技术的发展,我国进入5G时代,高速的信息流使人们更容易获得信息,移动设备的普及拉近了人们的距离。科技创新可以促进体育产业的规模化发展和体育产业链的拓展,助推整个体育产业向更高层次发展。第四次工业革命引起了体育产业结构的优化。一方面,体育数字技术的发展使体育产业各部门的资源得到有效配置和转化,并创造了新的市场,如智能技术在体育场馆和体育通信中的应用,极大地提高了体育服

务的效率；另一方面，体育创新技术模糊了产业之间的边界，扩大了各部门的产业链与价值链。

面向数字和智能技术的技术转型带来了许多新的商业模式和新的发展模式。通过应用新技术和改进产品，我国体育行业已经不可能通过低成本竞争来抢占市场份额。同时，大数据、云计算、物联网等技术在体育行业的应用，带动了体育需求的结构调整，促进了体育产品和体育服务的流通。通过对数字信息技术的开发，体育服务业可以利用新媒体平台和沉浸式技术，打造沉浸式场景，关注终端用户体验，为不同用户提供先进的、有针对性的智能服务，保持用户忠诚度。除此之外，体育服务业将逐步利用大数据等新技术，构建平台化的核心竞争力体系，打造平台化支撑的核心能力体系，构建企业"小生态"，继而以新的平台化商业模式汇聚外部优质资源，打造全方位、前瞻性的"生态"产业。

6.2.3 数字经济影响疯狂体育的机制分析

（1）需求层面——精准对接客户需求

数字经济将社会经济生活提高到一个新的阶段，学者们认为数字经济的发展革命性地提高了经济的运行效率，有效降低了企业的交易成本，具体包括搜寻成本、追踪成本、运输成本、验证成本和复制成本。

2022年，疯狂体育在乾坤数藏平台上线"乾坤宝库"玩法，提供"定制合约"方式，打造个性化业务模式，为了让用户找到自己热爱的虚拟形象；卡塔尔世界杯期间，疯狂体育根据新老客户，提供个性化营销方案；疯狂红单优化专家订阅以及套餐卡功能，精准匹配用户需求。基于其对用户需求的精准把控以及对数据价值的挖掘，疯狂体育荣获"数字化成长之星"称号。

大数据的广泛应用，使得企业生产的产品与服务呈现多样化的特征，打破了传统的单一抉择，促使产品面向更大的群体。企业能够通过大数据分析，引进符合大众群体的最佳产品，使产品更加贴合客户的要求及消费者的日常需要。大数据研究使得收集多层次的用户信息来源和探索其他平台的用户信息成为可能，企业得以了解用户需求的不同变化，并将其纳入公司产品的生产，发展用户个性化定制。同时，方便了企业与其他信息平台建立联系，使企业能够探寻到更多信息数据，为企业下一步决策建立基础，设立合理科学的战略规划。

表 6.11　2022 年疯狂体育核心业务简介

体育知识付费平台	疯狂红单（红单模型、赛事预测）
体育社交互动平台	疯狂体育（赛事解读）、梦幻赛事
体育及休闲游戏	球场风云、梦幻足球世界、雪山漂移等
体育彩票	线下门店
数字藏品平台	乾坤数藏（数字藏品）

（2）供给层面——推动产品智慧化升级

疯狂体育在元宇宙及数字藏品业务的探索，创造更加年轻化的消费场景，引领行业挖掘和探索"数字+"的产业路径和创新形态，旨在通过数字藏品与异业消费之间的融合创新，以数字科技赋能经济生态、以数字藏品升级营销模式，并催生新玩法、新模式和新业态。元宇宙带火了虚拟人和虚拟场景的应用，利用虚拟人和虚拟场景的营销模式必将成为企业和品牌的一种常态化的营销模式，品牌之间在营销领域的竞争将从单纯的营销活动进入个性化服务与数字化技术应用的全面比拼。企业跟随时代发展，疯狂红单借助 AI 技术，在世界杯期间与"虚拟人沐岚"展开跨界合作，通过"视频+直播"的方式与用户互动，成功吸引年轻人群和泛体育群体的眼球，提高了用户转化率。

依赖于虚拟技术，企业推出自主研发的数字藏品平台"乾坤数藏"，该平台致力于捕捉重要的历史时刻，保存美好的瞬间，弘扬传统文化，并坚决反对任何形式的盈利或数字收藏的金融化，平台仅支持用户对所购买的数字藏品进行收藏、观赏及熟人间的分享、转赠。"乾坤数藏"联合"虚拟人沐岚"、知名媒体人"大能"在抖音平台首播"国货专场"，销售平板电脑、蓝牙耳机、剃须刀、手表等线下实体商品，通过数字藏品平台为实体经济赋能。

（3）管理层面——提高决策精准性

在以往的企业管理中，一家企业拥有的内部数据的数量既复杂又庞大。而现代经济社会发展中，大数据技术的引入改变了传统的管理经营方式，有效组织了人力、物力和财力的管理。企业传统的人力资源管理模式只能满足企业人力资源管理业务流程的需要，而人力资源管理数字化转型将充分利用互联网信息资源，优化和创新人力资源管理体系，为业务发展提供更为有效的参考数据，有助于加强组织各部门之间的沟通，加快内部资源流动的效率。

企业在运用好大数据技术的功能时，能够积极提升企业发展空间，对企业需要的资源进行整合，同时对企业内部管理资源进行深入探查，可以将错误、过时落后的数据整理出来,大范围整理资料,对数据进行分类,内外数据整合实现高效率的链接,有助于提高企业内部发展,向企业外部提供最新数据信息,及时对数据进行更新。掌握市场发展规律,进而合理规划下一步工作准备,做到对各类资源的分配效益。疯狂体育除发展主营业务外,还推行战略投资,从而实现资源优势的整合,最大程度地提高企业价值。企业通过与区块链、信息技术等行业战略合作,为实现协同效应创造机会。例如,与Golden Rock Fund 签订有限合伙协定,该企业主要通过私人协商投资大中华区移动互联网和科技行业的证券及股权,特别是文化娱乐行业,实现长期资本增值。

对于企业发展来说,企业内部规划和决策必须高效准确,以便于了解市场发展态势和未来变化的状态,使大数据技术在商业管理中发挥重要作用。借助大数据技术,企业可以构建良好的信息平台,收集市场信息的反馈,及时更新市场与消费者的关系。此外,大数据技术还可以在企业经营中提供有效的策略。疯狂体育凭借大数据的高效性与科学性,对信息数据库进行合理的划分和安排,达到了非常高效的工作状态,为公司提供更有效的数据分析,市场变化提供的信息可以为疯狂体育科学地谋划下一步的战略规划步骤,避免风险并减少经济损失。

6.2.4 疯狂体育开展数字化的经验总结

1. 企业数字化发展的成功经验

(1) 企业文化建设

数字文化建设是企业数字化的灵魂。企业文化的作用就是让员工在精神理念上保持高度一致,与时俱进的企业文化还可以帮助企业快速建立起战略路线,指导数字化的顺利转型。疯狂体育的企业愿景是成为体育强国战略中具有核心力量和领先技术的数字体育服务商;企业理念用八个词概括,即"开放、包容、创新、发展"。

要打造企业的数字文化,就需要做到以下几点:首先,在企业文化的基础上,优化企业数字文化建设,基于数字化发展的巨大需求,发展企业数字文化,创建以企业品牌为中心的数字企业文化制定标准;其次,强化数字企业文化建设主体责任,加强领导,严格组织实施,研究制定数字企业文化建设设计方案、实施计划和实施方法;最后,在数字经济发展的背景下,不断创新构建数字商业文化的理念,大胆改革,明确构建数字商业文化的机制和方法。

(2) 数字人才培养

提高企业员工的数字素养,尤其是培养重点岗位职工的数字技能。注重企业数字文化建设的宣传教育,制定《企业数字文化手册》,立足于岗位,深入开展面向员工的企业数字文化的教育培训。以疯狂体育为例,大数据技术运用是企业发展的重点,优秀的数据分析人员是企业数字化的支撑。如要将其产生的大量数据更好地转化为决策参考,便离不开数据分析。因此,针对负责数据分析相关工作的员工,可以开展数据分析工具的相关培训。

除此之外,也要加强业务部门的数字人才培养。大部分数字化系统开发需求都来自业务部门,如果业务部门的人不懂需求调研、挖掘、分类和筛选,那么其向 IT 部门提交的需求报告将缺乏结构化,导致双方沟通效率低下,开发出的产品也不尽如人意,所以要针对业务部门兼任数字化系统开发的项目经理进行系统培训,专门针对需求挖掘和分析两个场景推进。

(3) 制定战略目标

为了使企业适应数字经济时代的发展,领导者必须确定企业需要什么样的数字化转型。疯狂体育的企业使命是让体育创造快乐,企业目标是成为中国领先的数字体育娱乐集团,企业战略为夯实体育产业基础、落实全民健身国家战略。数字化转型战略的制定,一定不能脱离业务目标,要与企业战略目标保持一致。这需要采取一系列行动,包括对企业战略的解读、对业务需求和目标的分析、对内部和外部环境的分析、对行业领先的实践和案例的分析,最后制定数字化转型的战略目标。

数字化转型是一条漫长的发展道路。数字化长期的战略项目要和短线的项目相结合,通过快速迭代的方式推进,在过程中针对市场变化不断调整和修正长期战略目标。同理,运营方法和工具应追求"更好",而不是一次性的"最好"。数字化转型不是"一次性项目",而是一个持续的过程,在这个过程中,需要每一个部门、每一个人的发力。首先,对数字化转型战略目标进行分解,将"大目标"分解成若干可实现的"小目标";然后,将这些小目标分配给相应的部门、团队或个人。在这个过程中,转型目标需要随着时间的推移进行调整,以适应业务的变化和技术的革新。

疯狂体育深耕"数字+体育"娱乐赛道,在布局整体发展战略的基础上,细化自己的发展路线,例如长远布局元宇宙战略,积极抢占元宇宙产业的制高点,率先与具有国资背景的北方国家版权交易中心共建"国家级数字文创版权交易平台"。该平台是目前国内首个正式上线拥有版权交易资质和金融许可资质的国家级合规数字资产交易平台,也是第十八届中国(深圳)国际文化产业博览交易会"辽宁文化产业招商推荐会"的主推项目之一。

2. 体育赛事营销数字化的成功经验

(1) 建立合作机制

体育赛事营销人员要树立合作共赢的理念,大胆尝试跨学科、多文化合作交流,特别是跨境"体育+数字"合作,将数字营销与体育赛事行业相结合,整合行业内外的各种资源。利用不同平台,引进新的营销传播手段,建立和发展新的营销传播平台。

2022年世界杯期间,疯狂红单把握短视频时代的流量窗口,通过签约专家组成疯狂红单MCN矩阵,与快手官方达成合作,在快手平台提供体育知识付费内容。通过自营产品与诸多体育渠道、短视频渠道合作,疯狂红单在2022年世界杯期间覆盖更广泛的体育用户,进一步扩大收益及品牌影响力。

通过建立合作机制和整合各种资源,公司逐步发展为以体育活动为中心的支持体系,辅之以虚拟体育产品(如道具用品、礼品奖赏等)和实物产品(如运动服、纪念品等)。通过创建一个可视化的游戏平台和交流社区,企业可以实时了解用户的动态,并根据客户的需求创造内容。借助世界杯赛事的超高热度,疯狂红单除巩固原有合作渠道外,继续拓展渠道覆盖,签约神州通联、爱卡汽车以及服务港台用户的黑特篮球等新渠道,就此持续扩大流量池。同时,与拥有世界杯赛事版权的央视网、拥有日韩小联赛的K球进行深度合作。其中,央视网拥有卡塔尔世界杯国内独家电视和新媒体版权及分发许可权利,吸引了海量用户。除此之外,疯狂红单签约知名足球解说嘉宾、国脚、体彩培训师、卡塔尔世界杯前线记者、民间网红高手、虚拟数字人等,组成强大的世界杯赛事分析专家阵容,根据用户喜好,从不同视角为用户提供赛事分析内容,包括卡塔尔世界杯现场的实时赛况及爆料内容。

(2) 优化直播内容

世界杯期间,疯狂体育APP作为体育社交互动平台,甄选热门专家主播、加强直播间互动,并分别针对新老用户提供定制营销服务。针对卡塔尔世界杯大赛,疯狂体育签下知名记者、赛事主播、出镜专家,开设免费及收费直播间。在直播间,主播为用户提供赛事解析、资讯短报、比分深度解析、互动娱乐等内容及服务;与此同时,在直播间,用户可以对主播提问,对喜欢的主播进行打赏；主播还可以同步销售个人推荐方案或平台专家的推荐方案。用户通过购买付费资讯及推荐方案，能够获得积分；再使用积分参与到赛事趣味竞猜当中。主播与用户间的互动性得到了很好的提升，有效提升用户黏性，促进用户留存，同时提高了直播间持续付费转化。最终体育社交互动平台全年获得收益人民币8000万元，比2021年上升了9.2%。

3. 产业数字化融合的成功经验

（1）"体育＋教育"融合

疯狂体育在2022年推出体教融合新业务，与北京北体大教育科技发展有限公司达成战略合作，主要瞄准"双减"后体育教育发展机遇期，借助企业的数字技术优势，开发更智能化、个性化的体育教学辅助平台，双方打造的体教融合解决方案包括智能训练装备、学校智慧体育整体解决方案，有助于学校提升体育教学质量。2023年，疯狂体育继续推进该项目，进行广泛布局，面向地方政府和学校，提供完整的产品服务体系，助力学校体育教育的高质量发展和儿童青少年的健康成长。

企业需要保持冷静的头脑。考虑到青少年的成长发育还有运动能力有一定的局限性，因此，对于学校体育器材的设计需要具有一定的特点，其有效使用对提高课堂学习效果具有重要作用。过去，媒体经常报道由于安全设备质量差、不到位而导致学生受伤和生病的事件。对于想要进入或已进入校园市场的企业而言，更需要从长远利益出发，做好相应工作。公司在开发产品时应考虑以下几个方面：第一，智能化。学校体育设备的智能化体现在它能够将智能电子产品与大数据分析软件相结合，帮助各年龄段的学生参与体育活动。第二，专业化。专业化可以基于学生在不同阶段的身体特征和体能，进行专业化训练。第三，严谨性。严谨性是指要设计出适合不同需求的锻炼方法、锻炼器材和测量设备。

（2）"体育＋游戏"融合

在体育游戏领域，疯狂体育拥有FIFPro和中超的两大正版IP授权，加之各种主题游戏，于2022年推出世界杯产品版本，借助世界杯热度增加下载量，提高用户的留存率和消费率。疯狂体育发行运营了多款体育休闲游戏，涵盖足球、篮球、赛车、滑雪等多种类型，并实现对于足球游戏全品类覆盖，具体包括《球场风云》《梦幻足球世界》《梦想足球》《全明星足球》等。其中，《球场风云》作为FIFPro正版授权的体育游戏，已推出世界杯资料片大版本,并搭配世界杯系列主题活动,包括与"乾坤数藏"平台联动的数字藏品发行,将为广大球迷和用户带来非凡的世界杯豪门盛宴,足球元宇宙手游 Crazy Soccer 2022 年初正式在罗布乐思(Roblox)平台全球上线,是中国研发推出的首款体育元宇宙手游。而《梦想足球》是一款正版授权的足球卡牌竞技手游,由疯狂体育与中国移动、咪咕互娱联合发行。此外,疯狂体育为了提升平台发行能力,积极与网易、4399 等专业游戏厂商达成合作,实现游戏业务的持续增长。

近年来,游戏产品与传统体育的结合已经愈发紧密,越来越多的游戏产品也开始追逐体育赛事 IP。体育竞技游戏的质量很大程度上取决于游戏场景的逼真程度以及对动作的还原度。疯狂体育的游戏研发团队向现实中的各类运动品牌"取经",收集了大量各种运动的人体统计数据。此外,一些运动品牌也被移植到了游戏内容中,包括不同的品牌和产品型号,这些运动产品在现实应用中的特点,均在游戏中得到了还原。

第七章 数字经济视角下推动体育产业高质量发展的对策建议

根据前文理论机制分析、现实情况的解构、具体数据的实证分析、典型企业的案例探讨,本章结合中国数字经济发展的实际,在借鉴发达国家经验的基础上,提出了推动中国体育产业高质量发展的具体路径和对策建议。

7.1 体育产业高质量发展的具体路径

党的二十大报告明确指出,我们要坚持以推动高质量发展为主题,加快建设现代化经济体系,着力提高全要素生产率,增强产业链、供应链的韧性和安全水平,促进城乡一体化和区域协调发展,推动经济实现质的有效提升和量的合理增长。构建现代产业体系,要着力发展实体经济,构建优质高效的服务业新体系,加快发展数字经济,推动数字经济与实体经济深度融合,打造具有国际竞争力的数字产业集群。

7.1.1 质量变革提升高质量发展成色

1. 丰富产品供给,提升产品质量

优质的体育产品和优良的体育服务是体育产业的立身之本。体育产业想要高质量发展,就需要提供更多具有竞争力、物美价廉且类型多样的产品和服务。一是拓宽产品品类,可以根据不同阶层人群的消费特点,研发适合低端、中端、高端各层次的产品,并完善配套服务。针对日益庞大的体育消费市场,分析体育消费行为偏好并全面预测市场需求和消费群体,以青少年、老年人等重点群体为突破口,丰富产品服务供给种类,创造有效体育需求,夯实体育消费产业发展的群众基础。二是注重创新,充分发挥体育产业融合性强的特点,可以在体育产品内容上融合旅游、健康等元素,改变单一的体育产品功能。例如,将体育与电竞融合,开发足球、篮球等线上电竞产品,举办配套电竞比赛。三是顺应产业数字化趋势,支持传统项目,借助互联网平台发展衍生产品和智能体育产品,举办线上体育会展,数字化呈现体育展品,将人工智能、区块链、物联网、5G等技术应用到体育用品生产和服务中。

2. 壮大市场主体,改善企业质量

体育企业是体育服务和产品供给的生力军,企业的质量决定了产品与服务的质量。当前,与国外体育公司相比,我国体育龙头企业不多,国际竞争力不强,应尽快做大做强一批龙头骨干企业,积极培育中小体育企业,形成龙头企业强势带动、中小企业补充竞争的产业主体结构。具体来说,一是加强体育品牌建设,需要充分认识品牌对于体育产业的特殊意义,强化企业的品牌意识,积极开展品牌营销,培育一批国内外知名的品牌企业,对部分名优体育产品进行重点扶持,加大策划和宣传力度,如通过与国际性赛事达成合作,提高品牌影响力。企业应当坚持走自主创新之路,切实提高关键领域核心技术的创新能力,以立足产品服务质量为基础保障。二是培育一批龙头企业,深化体育管理体制的改革,降低体育企业兼并重组的成本与风险,引导优质资源,向大型体育企业加快集中,形成一批能够跨越多个经济周期、在经济效益风险防范方面始终保持竞争优势的企业。鼓励大型体育企业集团不断延伸产业链条,提升企业在行业标准、行业规则制定上的话语权。三是优化中小体育企业的空间布局,认清当前体育企业以中小企业为主的事实,给予政策扶持,通过搭建多元化的中小体育企业服务平台,逐步形成集聚效应,扩大中小企业的影响力和知名度。

3. 优化产业结构,提高结构质量

体育产业结构转型升级不仅是体育产业高质量发展的重要举措,也是促进体育消费升级、实现国内产业循环的载体。政府要不断完善体育服务业和服务型消费发展的相关政策体系,不断加强监督与管理,通过完善相关机制,为体育服务业发展营造良好的市场发展环境,从顶层设计上确立体育服务业的重要地位,引领体育制造业和服务业均衡协调发展,在保持体育制造业稳定发展的同时,提高体育服务业的比重,丰富服务型,促进体育服务业提质增效。

首先,提升服务业发展质量。一是完善体育服务业网络体系,引导体育

服务企业利用人工智能、云计算等高科技技术进行内容创新,通过线上线下互动有效满足消费者个性化需求;建立自动化生产管理模式、智能化生产运营模式,提高生产制造的效率。二是支持体育服务业做大做强,引导有实力的体育服务业实行跨地区的兼并重组,通过财政支持等手段支持企业融合发展,发挥引领带头作用。三是抓住"双减"机遇,大力发展体育教育培训业。体育教育培训业是体育产业不可或缺的一部分,其发展势头迅猛。推动体育教育培训业升级是落实体育产业高质量发展的重要举措,最大化利用社会资源,让体育培训机构走进体育专业高校建立校企合作,加强各行业人才之间交流,提升人才质量,进而提升课堂质量。

其次,推动制造业转型升级。近年来,我国体育制造业增速放缓,严重阻碍了我国体育产业结构优化的进程。新产品创造新需求、新需求创造新市场是体育制造业数字化转型的目标导向。各种智能体育用品的出现,为消费者提供了更多选择,激发了消费者需求。因此,要大力发展体育智能产品制造,鼓励企业建设智能工厂和数字化车间,加大对体育制造业科技创新的支持力度,提升高端体育用品制造能力,开发新型训练器材、可穿戴式运动设备等,加快体育装备更新迭代,同时对接居家健身人群的消费需求,鼓励企业研发与制造家庭化健身运动器材等。政府应当做好政策引导,贯彻新发展理念,鼓励体育用品制造业对外开放,利用国际大循环推进行业持续发展,把握国际市场的需求和趋势,推动中国体育企业渗透进国际市场。与此同时,可以推出优惠政策吸引国外闲置资金进入体育市场,同中国企业一起开发体育用品市场。

最后,壮大本体产业核心规模。体育产业包括体育本体产业、体育外围产业、体育中介产业和体育产业消费者等。其中,体育本体产业是整个体育产业的核心,包括体育竞赛表演与体育休闲健身。根据国家统计局有关数据,2021年,我国体育竞赛表演活动产出规模仅占体育产业的1.1%,体育休闲健身活动占比6%,体育本体产业规模偏小是阻碍我国体育产业结构优化的重要原因。2018年,国务院发布《关于加快发展体育竞赛表演产业的指导意见》,从"丰富赛事活动,完善赛事体系""壮大市场主体,优化市场环境""优化产业布局,加强平台建设""强化协调配合,加强资金保障"四个方面规划引领、积极推进体育竞赛表演产业专业化、品牌化、融合化发展。我国体育健身休闲活动产业规模一直保持较快增长,但发展质量不高,应加大财税金融支持,扶持健身休闲企业成长为龙头企业,带领中小企业发展,充分利用体育系统专业教练员资源,加快体育健身企业转向服务导向,规范健身市场秩序,优化健身消费环境,推动不同年龄段人群参与健身休闲活动。

7.1.2 效率变革增强高质量发展活力

1. 促进体育要素进入市场,破除机制障碍

体育要素市场是提高体育产业要素配置效率、推动体育产业效益改革的基础。创新的体育管理机制是改变要素资源流动方向的重要手段。目前,中国体育管理机制薄弱,运营成本高居不下,市场在资源配置中的关键作用尚未充分发挥。加强产权制度建设和体育要素市场改革,提高体育产业要素配置效率,突出"放管服"改革,提高政府效率,将行政权力下放与管理相结合,以便更好地优化服务和营商环境。

设置市场准入门槛。加快培育多层次的体育服务业体系,首先,要降低体育服务业市场进入的行政壁垒,扩大体育企业数量,培育公平竞争、规范有序的市场环境。其次,在体育产业多元化的基础上,要为体育企业进入和退出市场设置标准。对于体育设施建设等大型体育项目,必须设置市场准入和退出门槛,以确保进入大型项目的公司足够强大,能够更好地开发市场,满足人们的需求。

创新和改进监管。如何改进体育市场监管,是建设现代体育产业体系、促进经济健康发展的关键。第一,要明确监管标准,制定监管规则,完善监管框架。第二,建立监管和执法机制,要明确监管标准,完善监管规则和监管框架。建立监管和执法机制,重点是对体育市场特有的监管功能。最后,要建立和完善体育市场监管方法,提高智能监管水平,构建基于信息技术的市场监管平台,实施精准监管,防范和管控体育市场赛事和体育设施的风险。

营造高效服务环境。优化体育产业政策环境能有效弥补市场缺陷,为中小体育企业创造发展空间。由于体育产业的结构是建立在经济资源配置的产业结构关系之上的,因此,制度环境的直接要素——体育资源的配置方式,对体育产业结构的演变有着重要影响。一方面它决定并制约着微观经济主体的行为模式和效率;另一方面它决定着体育资源配置的方向和效率。

2. 优化空间布局,发挥区域比较优势

产业布局即产业在空间上的分布,调整和优化体育产业空间布局可以实

现合理的资源配置,促进区域协调发展,使体育产业成为竞争优势强、集群效应好的国民支柱产业。

一是按照集群发展规律,培育一批定位清晰、实力雄厚、特色鲜明的创新园区。加强园区的基础设施建设,优化园区公共服务,吸引合乎园区定位的体育企业向园区集中,根据本地区的比较优势,实行差异化定位,突出园区产业特色,形成产业链条完整和谐的特色体育产业园区。与此同时,要把握体育产业特色的界限,避免与其他地区同质化发展,防止相邻经济区域之间产生恶性竞争,从而阻碍产业集群发展。

二是以资源禀赋为依托因地制宜,根据地域特点发展区域特色产业。例如《中国冰雪旅游发展报告(2022)》指出,冰雪季我国冰雪休闲旅游人数将达到 3.05 亿人次,我国冰雪休闲旅游收入有望达到 3233 亿元。以北京冬奥会带来的基础设施整体提升为基础,京张地区将迎来转型发展新机遇。京冀协同推动京张体育文化旅游建设,发展冰雪经济,打造有文化特色的旅游产品,让京张地区成为名副其实的冰雪旅游胜地。

三是完善体育产业协同合作机制。要充分发挥城市群经济联系紧密,集聚优势明显的特点,培育一批有较大影响力的体育城市,通过区域合办联赛等形式,加快体育产业协调联动,推进中西部地区产业的梯度发展,缩小区域发展差距。

7.1.3 动力变革点燃高质量发展引擎

1. 提升生产要素供给质量

体育产业高质量发展需要理性认识对各类生产要素的需求特征,把握人力、技术与资本等关键要素驱动力。一方面要注重传统生产要素保障,另一方面重视高端创新要素的供给,引领传统要素驱动向创新要素驱动转换。

体育产业高质量发展对人的主观能动性和创造性能力依赖较高。当前,我国体育产业人才数量不足,人才质量不高,且社会正处在人口结构转型的关键阶段,因此要大力夯实专业人才培养。首先,搭建专业人才培养体系,专业人才培养要重视基础知识的传授。其次,加强政府联合高校与企业协同培养,开设专业人才培养课程,开展跨学科、复合型人才培养,体育产业数字化转型离不开数字人才,要加快构建数字人才培养体系,加强培养创新型、技能型体育人才,提升体育产业智能化水平。最后,搭建人才交流平台,便于资源共享、人才流通,严格高效的人才互通平台需要借助社会力量参与,更离不开政府部分的监管。

加强资本支持,改善融资环境。资本要素是发展体育产业过程中获取其他生产要素的基础。首先,可以通过奖励补贴等多种方式,由政府出资,引导发挥带头作用,吸引更多社会资本投入体育产业。其次,结合数字体育等领域相关企业特点,支持银行等金融机构研发金融产品,创新融资模式,大力发展天使投资、产业投资、创业投资及各种私募股权投资和公募基金,解决中小微企业融资难题。最后,着力改进金融监管考核,建立健全企业贷款尽职免责机制,把对企业融资服务的质量和规模作为对银行的重要考核评价标准,严格执法责任,追求打造公平竞争的金融信贷营商环境。

推动技术创新,发挥技术创新要素新动能。树立科技自立自强的理念,加大体育产业技术研发投入力度,为构建自主可控的体育产业提供坚实的技术支撑。一方面,强化企业在技术创新中的主体地位,大力支持体育企业向集团化方向发展,鼓励体育企业与科技企业资产重组,依托体育制造业的存量优势,自主研发新技术。另一方面,高度重视体育企业研究成果转化,鼓励企业与研发机构和高等院校相结合,如安踏曾先后与清华大学、东华大学联合创新,通过产学研深度融合,加强科技攻关,将超轻超薄、保暖、冰感透爽等技术应用于安踏体育用品。

土地是体育竞技活动的载体,提高土地供给质量,优化体育产业供地,可以有效增加体育基础设施供给。一方面要提高土地资源利用效率,合理利用公园绿地、市政用地等建设足球场、篮球场等体育设施,鼓励各类市场主体利用空闲的商业用房与仓储用房改造体育设施。另一方面,提高土地资源利用质量,推进智慧体育公园,智慧健身等全民健身智慧化配套设施建设,依托现有体育资源,通过资源整合、数据整合,提升公共体育服务智慧化水平。

2. 以消费需求带动产业活力

当前,我国已进入体育消费需求持续增长、消费规模不断扩大、消费市场逐步建立、消费结构加快升级的重要阶段。推动实现体育产业高质量发展,有效需求是关键,要充分调动政府、市场、消费者多个环节的力量,增强消费者黏性释放,刺激潜在消费者群体,夯实体育消费升级的群众基础。

首先,通过多种方式激活体育消费行为。体育消费行为与区域经济发展密切相关,由政府主导的多元主体应在区域异质性下对不同人群进行分类,发放体育消费券,举办"体育消费节",刺激区域体育旅游,规范体育服务综合体的消费环境。同时推动建立更加完善、质量更高的消费内需体系。促进将高频健身人群转变为体育消费人群,进而扩大中国体育消费人群的基数,使体育消费成为全民需求。

其次,多层次规范消费观念。构建高水平全民健身公共服务体系时,需要使体育成为全民活动,形成全民体育消费的概念。这些群体由于生活条件、学历、可支配收入的不同,对体育参与的认识也不同,所以形成的体育消费观念也是有区别的。因此,应当对标群众多样化的需求,分为几个层次,通过政府补贴、市场激励、社区沟通等方法引导体育消费,促进健康投资。同时,要把新发展理念深入贯彻到体育消费理念中,培育理性、绿色、共享的消费理念,营造体育可持续性消费生态。

最后,发展新模式。体育用品消费新情景的形成在将消费者需求转化为消费行为方面发挥着重要作用。首先,创建"产品＋服务"新模式。加快体育产业向服务业拓展,不断扩大产业服务范围,打造以"产品＋服务"为核心的个性化应用场景,如"智能健身器材＋运动健康服务""体育器材制造＋数字化场馆管理",加强线上线下消费的互动性,改造体育消费空间。其次,推广"零售＋体验"模式,促进线上和线下的融合。创建体育内容场景、消费场景和营销场景,通过体育内容生产创造更全面的客户体验。

7.1.4 理念变革奠定高质量发展基石

1. 指导理念统筹产业发展方向

任何事物的发展都离不开理念的指导,因此要创设丰富的休育产业高质量指导理论,并用于实际工作中,发挥其在经济实践中的巨大能量。

首先,加强相关学科范式的创新应用,丰富工业发展的理论假设。专家应该评估体育行业在相关领域的独特性,如在经济学、社会学和企业管理学等领域。参考国内外同类行业,旨在加强体育产业与相关传统经典学术范式的融合。例如,通过因素配置理论和新的结构经济学,积极研究体育产业不断变化发展中复杂的结构问题,引导体育产业在原有增长速度保持不变的前提下,追求质量的提升。

其次,遵循产业经济发展的客观规律,建立体育产业的主导理论。要深入分析中国体育产业的演进过程,从朝阳产业到国民经济新的增长点,再到国民经济产业发展的重要力量的过程。这些变化应与产业生命周期理论的四个阶段相比较,以发达国家的成功经验为基础,结合不同地区城乡体育产业发展现状研究,为中国体育产业发展提供客观评价和合理指导。

同时,要把理论和实践结合起来,逐步建立规范体育产业的现代理论体系,结合已施行的体育产业相关政策的实际运行与反馈效果,加强产学研的合作,将已实施的体育政策的结果和反馈联系起来,注重在区域体育产业中可持续地扩大规模和提高质量,完善体育政策在框架、内容和结构方面的创新。

2. 经营理念提高企业管理成效

体育产业经营理念与体育产业管理是否能够取得良好成果密切相关。因此,要改革和创新我国的体育产业管理,首先要重视更新体育产业管理的理念,保证体育产业管理过程中使用的管理理念是科学的。

根据当前我国市场经济发展现状,可以从以下三个方面更新体育产业的经营思想。一是更新战略观念。一个行业或组织要想稳定发展、必须具备一个面向未来的、长远性的战略观念。其中最重要的是引导体育产业的行为主体,在明确体育产业发展状况和体育产业管理现状的基础上,树立正确的战略思维,明确体育市场的发展趋势、发展方向以及自身的不足。二是更新市场观念。一方面要坚持全心全意为体育消费者服务的理念,切实考虑到消费者的立场;另一方面要积极推动体育市场的动态平衡发展,即以体育市场的需求以及消费特征为依据,考虑到消费者之间存在的差异性,针对性的丰富产品供给,以实现供需市场的均衡发展。三是更新竞争观念。必须杜绝体育企业之间恶性竞争的问题。换而言之,必须引入积极的竞争观念,培育公平竞争、规范有序的体育服务市场,企业要对产业经营中所涉及的竞争要素进行全面了解,突出企业自身的特色,找到竞争优势。

7.2 推动体育产业高质量发展的对策建议

党的二十大报告明确指出,我们要坚持以推动高质量发展为主题,加快建设现代化经济体系,着力提高全要素生产率,增强产业链供应链韧性和安全水平,促进城乡一体化和区域协调发展,推动经济实现质的有效提升和量的合理增长。构建现代产业体系,要着力发展实体经济,构建优质高效的服务业新体系,加快发展数字经济,推动数字经济与实体经济深度融合,打造具有国际竞争力的数字产业集群。

7.2.1 深化体育产业融合，催生体育产业新业态

体育产业融合发展是指体育产业与相关产业在要素、企业、行业层面上相互渗透，在新的环境中共同发展，逐渐融合为一体，形成新产业的一种动态过程。体育产业是一个由制造部门和服务部门组成的复合产业，其特点是融合度高、产业链长。体育产业与相关产业的融合，可以衍生出全新的体育消费内容，使得体育消费市场不断壮大。实施"体育+"工程，一方面推进体育与教育、体育与健康、体育与旅游等方面的融合；另一方面结合体育与文化、科技、传媒、金融等领域，提升体育产业的发展质量和竞争能力。

推进产业融合需要注意两点。一是我国体育产业业态众多，在推进产业融合的过程中，要有所侧重、有所区分，针对不同业态构建专门的产业链。例如，体育器材生产和服务产业应注重产品生产的研究和创新；体育旅游产业应开发具有吸引力的旅游产品和线路；竞赛和表演产业应注重体育赛事，开发不同的赛事，根据赛事的规模、类型和特点创新和开发产品和服务项目。二是在推进产业融合的过程中，要高度重视管理体制的改革。目前，我国体育产业在整合过程中面临着诸多挑战，例如在不同行业之间存在较高的壁垒、其中的管理体制比较分散。由于体育产业的整合涉及多个行业和管理部门，因此需要政府、企业以及消费者多方合作，才能真正实现产业融合，塑造共赢的局面。

当前，在体育强国背景下，体育旅游产业作为体育产业的一个分支，热度不断上升。凭借其专业性强、社会效应大的特点，体育旅游产业的发展对旅游行业的供给和体育产业的经济增长起着积极的推动作用。要促进体育产业与旅游产业之间的融合，需要做到以下几点：首先，可以通过制定正确的政策来完善体育旅游体系。通过分析体育旅游的资源配置程度、消费需求和市场种类，制定科学的资源配置准则，可以更好地整合体育旅游的资源，有效完善体育旅游行业的供需政策。其次，要充分挖掘和利用体育旅游行业的内在价值。整合与协调体育赛事与生态旅游，可以确保区域资源在体育旅游中得到有效利用。通过结合人力资源、社会资源、自然资源和政策机制，为游客提供具有地方特色的旅游产品。当地政府与企业需要考虑该行业的价值取向，整合其独特的资源，积极寻求整合的机会，积极主动地开发新的体育旅游项目，不断增强市场的吸引力。例如，利用现有自然资源打造一系列体育旅游专业景区，实施精品体育旅游示范项目，将重大体育赛事作为景区景点进行

宣传。就吉林省而言,该省在冬奥会后大力发展冰雪旅游产业,不仅吸引了大批游客,促进当地旅游产业发展,还创造了大量就业岗位,吸引外籍滑雪教练的加入。考虑到体育旅游具有健身性等特点,相关部门可以利用户外旅游资源和机会,规范和管理体育旅游示范区的发展,鼓励扩大地区体育旅游项目,扶持徒步、登山等"精品"户外项目开发。

7.2.2 促进数字经济与实体经济融合,加快体育产业数字化进程

为了促进数字经济与实体经济更好地融合,首先,要围绕体育重点发展项目,明确体育数字化的发展方向。以体育重点发展项目为基础,建立统一的国家体育信息化标准管理和实施体系。加快体育场馆设施数字化转型升级,提高体育基础设施智能化、便捷化水平。以国家体育信息化标准为引领,带动地方机构和企业积极参与,落实标准规范和服务功能,并加以完善。另外,要着力深化合作发展,强调创新驱动。汇集政、产、学、研各类机构,建立数字体育研究中心和创新实验室,开展理论研究,推动数字体育实践。开展创新创业行动,吸引一流科技企业和社会资本共同参与开发。

其次,要加强数字基础设施建设,促进数字技术互联互通,重视"中国智造",以助力体育实体经济,解决新建体育基础设施不足和数字体育基础设施建设不足的问题。全面提升体育实体经济的创新能力、生产效率、运行质量和产业竞争力。研发智能化体育用品,大力发展体育智能制造,鼓励企业构建智能工厂和数字化车间,加强体育生产的创新能力,引领创建智能制造创新联盟,研究开发重点竞技体育和群众体育的科研项目,提升优质体育装备、冰雪设备制造水平,研发新型训练设备、新型运动康复设备、便携式体育设备,加快体育装备更新换代。加快拓宽数据要素市场,建设全国性的体育生产与消费数据中心,扩大公民健康数据和体育公共服务数据的有序开放。将数字经济创新活动渗透到体育生产和服务中,拓展体育产业链,为产业创新创造空间。

再次,加快体育服务业线上线下融合。在"十四五"体育发展规划和《国务院办公厅关于进一步释放消费潜力促进消费持续恢复的意见》中,重点强调推进"互联网+健身",通过建立一个全国性的数字健身服务平台,包括健身组织、场地设施、赛事活动、健身技巧和运动器材,以及开发其他产品和服务,以满足广大群众日益增长的居家健身和线上观赛的需求,从而促进全民健身网络的发展。数字经济的快速发展为健身行业带来了新的机遇,不仅提

高了产品和服务标准,丰富了销售渠道,还为消费者提供了便捷的运动形式。传统的线下健身企业可以借助互联网、大数据、人工智能等技术,提高门店的运营以及营销能力,尤其是将会员管理、私教管理、营销管理、信息管理等业务数字化,这将有助于健身中心提高服务效率,降低运营成本,实现智能化转型。此外,数字化系统的开发和使用可以提高企业的附加值和核心竞争力,也可以吸引市场的投资。当前健身服务业的投融资越来越多地集中在网络应用和智能健身房上,开拓网络和智能市场将是未来的大方向。除此之外,线上健身机构也可以利用人工智能、物联网等手段,准确预测和分析体育消费者的喜好,并根据不同层次、不同年龄、不同群体的消费者的实际和潜在需求,有针对性地提供产品。

最后,发展体育科技龙头企业,增强其自主创新能力。通过多元化的资源体系拓展经营活动,打造具有国际竞争力的体育科技龙头企业,解决中国体育科技企业的难题。另外,要加强企业的自主创新能力。加快推广新材料、智能制造、大数据、人工智能在先进体育产品制造中的应用,改变体育产品生产和制造的传统模式,不断开发新项目,才能提高自身竞争力;加大招商引资力度,促进国内外体育产品制造企业投资,吸引更多的社会资本,支持体育产业高质量发展。

7.2.3 完善体育市场监管体系,营造良好发展环境

目前,我国体育产业受到政策推动,正处于快速发展阶段。为完善体育产业法律法规,确保中国体育产业高质量发展的法律保障,相关部门应在政府部门的指导下,尽快制定和发布相关实施文件,这也是完善体育治理体系,确保体育产业可持续发展的重要保障。

第一,提高体育市场监管法治水平。法治框架是市场监管的主要依据。为推动体育法制宣传教育工作,应进一步完善我国特有的体育法律体系,完善体育经济法规、体育表演市场法规等领域,完善体育纠纷解决机制,建立体育仲裁机构与仲裁制度,鼓励开展多种形式的体育法制宣传教育,创建良好的法治环境。

第二,建立监管执法联动机制。全面加强法治政府建设,鼓励地方政府加强体育执法,可采取将执法职能下放给综合执法机构等多种方式,在体育领域行使行政执法职责,强调体育市场主体自身具有的监督职能,建立超越地区的多部门联合监管模式。组织对地方体育行政执法队伍的培训,建立健

全体育行政执法工作保障机制。充分利用社会多方力量,进一步加强产业的主体建设,维持市场良性竞争。鼓励更多类型的组织在监管工作中发挥积极作用。加快社会体育组织的改革进程,扩大其在行业内的自律作用。

第三,数字化体育产业监管方式。充分利用先进的技术,如互联网+、人工智能和大数据,创建一个智能和有效的市场监督平台,密切监测滥用行为。同时使用传统的监管工具作为威慑,如行政罚款和行政指导,确保政策有效。各级监管部门应加大对体育领域现有行政指导案件的调查力度,系统化行政指导,在各个部门开展对于典型案例的教育,避免此类案件重复发生。为进一步优化市场环境,确保体育旅游产业高质量发展的规范化,应积极推行第三方评估制度。一个合理完善的产业布局对于决定该行业的未来发展至关重要。制定规划前要全面了解体育产业的资源配置情况,准确评估体育产业的发展状况,根据实际情况制定布局政策。要对规划有清醒的认识,在确定规划路径时,要结合现实,把握发展现状,不断优化政策导向,促进体育产业更好更快发展。

第四,健全与产业发展相匹配的监管体系。构建一套专业、规范、确定、统一的体育法律法规体系,是建立良好监管体系和法治的前提。应努力提高立法和监管框架的功能。建议通过扩大监管机构的权力,划分监管内容,运用监管工具,为监管活动建立一个更合适的框架,来完善体育领域的现有法律法规。例如,适当使用信用监管和灵活的执法工具,对市场环境影响较大的关键问题形成与产业发展更匹配的信用监管机制,如健身休闲行业和体育培训领域的教练资格,以及竞赛和表演领域的赛事名称监管。

第五,加大对高风险体育项目和体育赛事的监管力度。近年来,我国体育产业的市场主体与行为具有多样性,市场主体对产品的安全性和规范性认识不足,导致一些体育项目和赛事存在风险和隐患。针对这样的问题,需要重点规范体育赛事和体育项目的监管,明确监管机制,推进法治建设。明确高危险性体育赛事组织和高危险性体育项目经营的许可审批制度、体育行政管理部门现场检查的职责范围和程序规则,明确相关政府部门在赛前和赛中对体育赛事的检查和中止权。有效预防危险事件,切实保障人民生命安全。

7.2.4 提高产业链韧性,系统推进体育产业现代化建设

体育产业链的现代化需要提供广泛的体育产品、改善产业链内部的分工,以及提高产业链协调程度。并从宏观上促进"产业链"与"商业链"的有机

衔接,把其中孤立断裂的环节连接起来,完善体育产业链的内部运行机制。

首先,延伸并拓宽产业链。体育赛事是体育产业的核心,体育赛事要想形成完整、高效的体育产业链,需要向前后两个方向延伸。体育赛事的上游主要涉及体育设施建设和体育用品制造,因此要加大对体育产品和体育场馆的研发,改进加工制造设备,提高工艺效率,采用智能技术推动建立一批技术含量高的体育用品制造基地。体育赛事下游包括体育管理活动、体育健身休闲活动、体育经纪和代理、教育和培训、体育媒体和信息服务等,因此要建立一个便捷、顺畅的协同治理平台,促进产业链的公共治理环境变得更加健康和谐。

其次,建立区域体育产业链的协同合作试点平台。只有协调整体布局,才能提高供应链的效率。创建区域协同合作示范区可以创造附加值,发挥集群效应。物流和通信行业的加速发展改变了价值链的生产阶段。产品生产的不同过程和环节的区域分散性和复杂性不断增加,导致了一种新的区域产业模式,产业链的区域间分工越来越多,越来越分散。在体育价值链中,政府、企业和消费者必须加强相互合作,共同创造新的价值,从而提高整个社会的福利水平。加强体育发展的不同要素之间的协同是促进高质量发展的重要途径。在加强对体育服务发展的专业政策供给的同时,还要关注体育服务、体育产品生产、体育设施建设之间的内在联系不强、协调这些要素发展的动力不足等问题。因此,必须重视体育产业链的发展,重构体育产业链的发展结构,建立体育产业各要素之间的有效协同机制。

再次,补齐产业链发展短板,夯实产业链接点。一是针对体育产业链的区域结构差异,积极推动区域间的协同发展。大城市要作为体育产业发展的重点区域,促进产业链的优化;中小城市要作为产业链的重点区域,发挥辐射作用,促进居民生活质量的提高,加快体育产品在城市与地区、区域与国家之间的流通。城镇地区是产业链中重要的中心节点,具有传导功能,农村地区虽处在产业链的外围,但需确保其保障作用。二是优化体育产业链各环节的组织管理,以及加强体育产业链产前、产中、产后各环节的联系,尤其是加强体育产业与生活服务业的联系,发展和完善产业链各环节经济主体的利益协调机制,提高体育产业经营机构的规模和效益。事实上,体育产业、体育相关产业和体育延伸产业之间关系密切,但由于没有相应的联动发展机制,使得它们对体育产业的联合贡献不高。因此,应通过政策推动,将体育竞赛与表演和健身娱乐这两个领域结合起来,增强其发展动力,促进体育产业发展要素的协同,提高产业发展效率。

最后,依托国内大市场,维持体育产业链的根植性。国内生产成本上升、全球产业链重组等因素导致产业链迁移,增加了产业链的不安全性,需要重点打造体育的国内大市场,加强产业链的固定性。一方面,立足于劳动密集型产业,提高体育高技能人力资本等高技能生产要素的水平,借助科技发展、大数据技术,加强产业的根基性。另一方面,要为大型单一体育市场的发展营造良好的生态,促进上下级配套资源的供给,统一技术和信息流向的协作,有效降低成本,为培养高水平的体育人才创造良好的环境。由于高技能人才的转移是产业转移的基础,因此要加强知识、技术、管理等高技能生产要素在人才培养和保留方面的作用,为体育产业链的发展创造稳定的社会环境。

7.2.5 重视高素质人才培养,强化体育产业人才支撑

体育人力资源是推动我国体育事业科学发展的第一资源,也是未来体育产业发展成为国民经济支柱性产业的根本保障。体育产业高质量发展离不开人才的培养,因此要加快人才培养体系的建设,需要培养体育产业与数字应用相结合的管理人才,也要培养高素质的竞技体育人才。

首先,培养体育管理人才。一是完善高校人才培养体系。高校应结合学校自身优势,以教育理念为基础来制订培养计划。我国从开始的"体育办理"到现在的"体育管理",对体育管理人才的需求越来越大,因此高校需要考虑体育产业中各方面的具体需求,找准培养定位,开设更加细化的学科,提高人才适配性。除此之外,要重视优秀教师队伍的建设,榜样的力量永远不可忽视。杰出的体育人才必须由杰出的教师来培养。关键是提高体育院校教师的道德素质、科学素养、创新能力和创造能力,加快推进体育名师和骨干队伍建设工程,落实立德树人的根本任务。二是重视数字人才培养,引进优秀人才。创设数字经济新学科,鼓励和支持高校将数字人才纳入专业设置、师资配置以及招生之中。体育人才的培养离不开学校、社会、企业和个人共同努力,更离不开创新健全的培养机制。当前,应加快建立产学研联合开发机制,利用高校、科研院所和大型企业的专家、设施和资源,共同培养具有理论素养和实践能力的高素质数字人才。鼓励企业充分发挥核心作用,形成数字化转型和数字化员工培训的良性循环。完善引进国外人才的制度,不断扩大引进国外人才的规模。重点引进全球知名的青年数字人才、重点核心数字人才和

实用型数字人才。保护人才的知识产权,加强对体育人才在住房、子女教育、养老、医疗等方面的社会保障。三是实施领军人才培养计划,培养高层次体育人才。搭建高层次人才交流平台,培养一批具有国际视野的优秀学者和领军人物,结合体育事业发展的迫切需求,提高对体育高端人才"桥梁型人才"和"复合型人才"的教育投入和吸引力。培养一大批具有先进学术背景和国际视野的优秀学者和学术带头人,并在薪酬和职业发展方面给予激励。在人才考核评价方面,需健全制度体系、完善评价标准、创新评价机制,形成各界认可的体育专业技术技能人才评价贯通机制;在人才激励方面,改善体育人才待遇与收入分配等激励条件,切实发挥表彰奖励的导向引领作用。

其次,培养竞技体育后备人才。在竞技体育事业发展中,竞技体育的主体是竞技体育人才,所以仅仅提供训练场地或是投入资金支持是根本不够的。具体来说,可以从以下两方面提出培养策略。一方面,在组建体育后备人才的过程中,不仅要注重运动技能的提升,还要加强竞技体育后备人才的综合素质,提高他们的专业知识。不仅要保证后备运动员有能力参加竞技比赛,取得优秀成绩,还要保证他们能够在结束运动生涯后对自身发展有具体的方向和目标,使他们在退役后能继续为自己热爱的竞技体育作出贡献。另一方面,在竞技体育人才的选拔过程中,应完善人才选拔模式。地方政府应转变自身发展理念,引进优秀人才,不限制本地区优秀竞技体育后备人才的流动,以正当、公平、透明的方式选拔和培养竞技体育后备人才,完善后备人才培养体系,为竞技体育事业提供更大力度的资金支持和政策鼓励。此外,要优化人才选拔程序,利用当前快速发展的电子计算机技术和互联网技术,推行现代化、数据化的运动员管理模式,如建立数字体育人才数据库,进一步提高竞技体育后备人才培养的水平和质量。与高校、企业、科研院所等机构合作,完善体育人才数字化信息系统建设,建立动态定制的人才数据库和信息监测机制,协调建设国家高端体育人才信息管理数字化平台,充分发挥高端体育人才数据库和创新机制的源头作用,建立高端体育人才创新团队。

参考文献

一、中文文献

白津夫,2023.关于数字经济的几个基本问题[J].北京社会科学(4):84-93.

白宇飞,杨松,2021.我国体育产业数字化转型:时代要求、价值体现及实现路径[J].北京体育大学学报,44(5):70-78.

班晓悦,2023.数字经济赋能城市高质量发展[N].中国社会科学报,2023-02-20(002).

柴王军,王文渤,师浩轩,等,2023.数字经济驱动体育产业供需适配的内在机理与实现路径[J].上海体育学院学报,47(10):88-98.

钞小静,孙艺鸣,王灿,2023.数字经济对我国经济高质量发展的影响[J].广西师范大学学报(哲学社会科学版),59(2):120-135.

钞小静,2023.数字经济赋能中国式产业现代化[J].人文杂志(1):22-26.

陈国生,2022.湖南省经济高质量发展水平测度及影响因素研究:基于面板数据模型[J].湖南社会科学(6):58-63.

陈洁,2020.后疫情时代产业和消费"双升级"的动力机制[J].上海交通大学学报(哲学社会科学版),28(5):100-111.

陈静,王明秀,2023.数字经济对生产性服务业高质量发展的影响研究[J].上海节能(4):434-441.

陈林会,2019.我国体育产业高质量发展的结构升级与政策保障研究[J].成都体育学院学报,45(4):8-14.

陈明华,谢琳霄,李倩,等,2022.中部地区高质量发展水平测度与演进趋势分析[J].统计与决策,38(23):107-111.

陈思瑶,2023.数字经济内涵与经济高质量发展:一个文献综述[J].广东经济(2):76-79.

陈晓珊,周裕淳,2023."数实融合"推动经济高质量发展的路径与对策研究[J].新经济(4):37-45.

陈肖,吴娜,牛凤君,2023. 数字经济发展水平测度及其对经济高质量发展的影响效应:以京津冀区域为例[J]. 商业经济研究(3):125-128.

程虹,2018. 管理提升了企业劳动生产率吗?——来自中国企业——劳动力匹配调查的经验证据[J]. 管理世界,34(2):80-92.

程晶晶,夏永祥,2021. 基于新发展理念的我国省域经济高质量发展水平测度与比较[J]. 工业技术经济,40(6):153-160.

程实,钱智俊,2018. 高质量发展的核心是什么[J]. 纺织科学研究,29(4):16-17.

程实,2022. 十年科技创新强国之路[J]. 现代商业银行(19):48-51.

程宇飞,范尧,2023. 新发展格局下体育产业供需均衡的理论逻辑、困境归因与因应之策[J]. 武汉体育学院学报,57(6):54-61.

崔安福,王建伟,王长龙,2022. 数字经济驱动下数字体育用户使用与满意度研究[J]. 广州体育学院学报,42(2):79-86.

崔海雷,龙汉,2022. 机场活跃度、市场化水平与城市高质量发展[J]. 宏观经济研究(11):39-53.

崔理想,2023. 以高质量数字经济赋能中国式现代化[N]. 中国社会科学报,2023-05-24(007).

代红兵,张立国,顾怡然,2024. 体育产业高质量发展的实践路径[J]. 山西财经大学学报,46(S2):113-115.

党挺,2022. 国际体育产业数字化转型特点与启示[J]. 体育文化导刊(2):91-97.

丁正军,战焰磊,2018. 新时代我国体育产业高质量发展的综合动因与对策思路[J]. 学术论坛,41(6):93-99.

杜宝贵,陈磊,2021. 五维视角下中国科技服务业政策研究[J]. 科技管理研究,41(12):35-42.

付群,陈露姚,范金玲,等,2024. 体育产业新质生产力加快形成的本质内涵、重点领域及推进思路[J]. 天津体育学院学报,39(5):511-518.

付群,胡智婷,侯想,2023. 新时代中国体育产业高质量发展的现实逻辑、内生动力和实践探索[J]. 天津体育学院学报,38(3):322-328.

高里程,2021. 我国体育产业高质量发展研究:评《多元视角下体育产业的融合发展研究》[J]. 广东财经大学学报,36(3):115-116.

高星,李麦收,2023. 数字经济赋能经济绿色发展:作用机制、现实制约与路径选择[J]. 西南金融(2):31-43.

高燕,徐政,2021. 供需视角下我国数字经济评价体系构建及测度[J]. 商业经济研究(16):180-183.

郭彬,赵雯婷,吴飞,2020.体育强国背景下我国体育产业"十四五"规划编制前瞻[J].北京体育大学学报,43(7):1-13.

郭栋,2020.新时代我国经济高质量发展的内涵及路径探究[J].哈尔滨学院学报,41(8):36-40.

郭晗,廉玉妍,2020.数字经济与中国未来经济新动能培育[J].西北大学学报(哲学社会科学版),50(1):65-72.

郭俊华,蒲阳,2021.金融社会化促进体育产业深度融合发展的机理与路径[J].西安体育学院学报,38(6):681-688.

郭明月,潘玮,2022.数字化赋能体育用品制造业转型升级的价值维度与推进策略[J].湖北体育科技,41(9):819-824.

韩朝阳,杨苓,李拓键,2022.我国体育产业数字化转型的现实需求与实现路径[J].湖北体育科技,41(1):6-10.

韩冬雪,符越,2023.区块链赋能数字经济高质量发展的理论意蕴和实践路径探索[J].企业经济,42(3):92-99.

韩亚品,2021.数字经济生态系统的内涵、特征及发展路径[J].国际经济合作(6):43-51.

韩垚,2022.休闲体育产业与数字经济深度融合的机制及路径[J].产业创新研究(19):136-138.

何燕子,王艳兰,2022.长三角经济高质量发展水平及影响因素研究[J].华北理工大学学报(社会科学版),22(2):12-18.

侯想,付群,胡智婷,2024.数字经济时代我国体育产业数字化转型探析[J].体育文化导刊(8):70-76.

胡汉辉,申杰,2023.数字经济如何赋能高质量发展:国内国际双循环视角[J].现代财经(天津财经大学学报),43(5):3-18.

胡效芳,袁艺,许绍飞,2014.中国体育产业区域竞争力综合评价:基于31个省区的比较研究[J].西安财经学院学报,27(2):63-68.

胡艳,高立鑫,2023.数字经济对经济增长质量的影响研究:基于长三角市级面板数据的实证分析[J].价格理论与实践(8):186-189.

胡勇,2024.数字经济助推体育产业高质量发展的实施路径[J].文体用品与科技(3):47-49.

胡跃蓝,2021.数字经济对经济社会发展的影响效应测度与统计评价[J].哈尔滨学院学报,42(10):56-60.

黄德超,2022.数字经济、创新能力与经济高质量发展:基于中国省级面板数据的实证研究[D].杭州:浙江科技学院.

黄海刚,毋偲奇,曲越,2023.高等教育与经济高质量发展:机制、路径与贡献[J].华东师范大学学报(教育科学版),41(5):26-40.

黄寰,王凡,吴安兵,2021.我国地区经济高质量发展的测度及时空演变特征[J].统计与决策,37(17):112-117.

黄菁,张雨函,罗洋,等,2024.新质生产力赋能体育消费转型升级的内涵逻辑、现实困境与创新路径[J].西安体育学院学报,41(3):330-340.

黄晓灵,曲艺,黄菁,2023.数字经济影响体育产业发展的空间溢出与门槛效应研究:兼论科技创新的中介效应[J].武汉体育学院学报,57(5):44-52.

黄娅娜,邓洲,2019.新时代经济高质量发展的内涵、现状、问题和对策[J].中国井冈山干部学院学报,12(5):23-30.

霍春辉,吕梦晓,张银丹,2023.数字新基建对国内价值链循环的影响研究[J].当代财经(2):120-131.

江小涓,2019.体育产业发展:新的机遇与挑战[J].体育科学,39(7):3-11.

江小涓,2018.中国体育产业:发展趋势及支柱地位[J].管理世界,34(5):1-9.

江小涓,2021.数字时代中国体育产业发展展望[N].中国体育报,2021-01-04(3).

姜同仁,郭振,王松,等,2022.中国体育产业发展回顾与"十四五"前景展望[J].天津体育学院学报,37(1):51-59.

蒋铭为,2022.后疫情时代居民体育消费发展趋势与路径选择:基于数字化体育的视角[J].当代体育科技,12(28):114-118.

焦帅涛,孙秋碧,2021.中国数字经济发展的测度及分析[J].福州大学学报(哲学社会科学版),35(6):18-25.

叫婷婷,2019.经济高质量发展的内涵与测度:一个文献综述[J].金融发展评论(5):97-106.

金碚,2018.关于"高质量发展"的经济学研究[J].中国工业经济(4):5-18.

雷鸣嘉,2020.数字经济发展水平测度指标体系研究[J].上海信息化(5):17-20.

李超,马若男,2022.我国三大经济圈经济高质量发展水平的测度与影响因素分析:基于社会福利水平视角[J].商业经济研究(5):162-165.

李春燕,2023.创新、数字经济与经济高质量发展的逻辑关系[J].北方经贸(2):38-40.

李邓琳,杨松,2022.数字经济时代我国体育赛事供给优化研究[J].体育科技文献通报,30(9):208-210.

李国兴,2023.中国式现代化视域下数字经济高质量发展"四维"分析[J].新经济(3):36-44.

李海,吴际,王艳,等,2024.新时代体育消费发展的实践价值、内在要求与推进路径[J].体育学研究,38(4):1-10.

李海杰,展凯,张颖,2021.数字经济时代运动休闲特色小镇智慧化建设的逻辑、机理与路径[J].武汉体育学院学报,55(2):5-12.

李骏,谢晗进,2023.数字金融与经济高质量发展:基于新发展理念视角[J].投资研究,42(1):4-20.

李凌,曹可强,张瑞林,2022.区域异质性视域下体育消费发展的内涵特征、动力机制与现实路径[J].体育学研究,36(2):41-51.

李明龙,孙晓洋,郭海荣,等,2024.数字经济能推动旅游业高质量发展吗?基于PSTR模型的实证分析[J].旅游导刊,8(5):1-26.

李祺,刘创杰,2023.数字普惠金融对区域经济高质量发展的影响与传导效应研究[J].当代经济,40(03):104-112.

李荣日,叶锦,2017.体育产业"元"逻辑:运动项目[J].体育与科学,38(3):94-100.

李荣日,刘宁宁,2020.理论框架与逻辑通路:我国体育产业高质量发展研究[J].天津体育学院学报,35(6):651-657.

李荣日,毛愈钧,崔琪,2024.数字经济赋能体育产业链韧性提升:冲击与回应[J].北京体育大学学报,47(1):50-62.

李三希,2021.我国数字经济发展特征[J].智慧中国(6):26-27.

李腾,孙国强,崔格格,2021.数字产业化与产业数字化:双向联动关系、产业网络特征与数字经济发展[J].产业经济研究(5):54-68.

李玮,李文军,2020.从新冠肺炎疫情防控看中小企业数字化转型[J].企业经济,39(7):14-19.

李晓华,2021."十四五"时期数字经济发展趋势、问题与政策建议[J].人民论坛(1):12-15.

李亚娜,杨晓晨,2024.中国体育市场消费现状及消费升级策略[J].哈尔滨师范大学社会科学学报,14(6):89-94.

李艳丽,杜炤,2020.我国体育产业数字化转型研究[J].体育文化导刊(10):78-83.

李怡,张思玉,2022.省域经济高质量发展的影响因素研究[J].投资与创业,33(15):44-46.

李勇,蒋蕊,张敏,等,2023.中国数字经济高质量发展水平测度及时空演化分析[J].统计与决策,39(4):90-94.

李悦平,2023.西部农村人口老龄化对经济高质量发展的影响研究[J].农村经济与科技,34(2):239-243.

李在军,李正鑫,崔亚芹,2023.数字经济赋能体育产业高质量发展:机理、表现、问题与对策[J].沈阳体育学院学报,42(2):1-8.

李震,赵晓青,2024.体育消费价格波动与 CPI、EPU 的时变关系特征:基于 TVP-SV-VAR 模型[J].湖北科技学院学报,44(6):81-87.

李志萌,盛方富,2020.新冠肺炎疫情对我国产业与消费的影响及应对[J].江西社会科学,40(3):5-15.

李志洋,朱启荣,2022.中国经济高质量发展水平的时空特征及其影响因素[J].统计与决策,38(6):95-99.

栗智慧,周全林,2023.数字经济与高质量发展的耦合效应:基于数字产业化、产业数字化双重视角[J].北京社会科学(4):94-107.

梁秋霞,葛新宇,张琰佳,等,2021.长江经济带的数字经济测度[J].宁波工程学院学报,33(3):64-70.

廖倩雯,2022.新发展格局下数字经济驱动体育产业高质量发展研究[J].吉林体育学院学报,38(4):29-36.

林晨,南洋,2024.人工智能助推体育产业发展:内在逻辑、发展机理与实现策略[J].武汉商学院学报,38(5):54-57.

林木西,肖宇博,2023.绿色金融对经济高质量发展的影响:基于绿色金融改革创新试验区的准自然实验[J].改革(12):78-94.

林舒婷,沈克印,2022.我国体育服务业数字化转型价值、问题与路径[J].体育文化导刊(8):71-78.

刘兵,邹溪楠,吕万刚,等,2024.新发展格局下体育产业新业态高质量发展的战略语境、时代机遇与实践指引[J/OL].成都体育学院学报,1-9.(2024-11-08). https://link.cnki.net/doi/10.15942/j.jcsu.2024.11.04.

刘冬磊,王子朴,刘朝霞,2020.经济转型背景下扩大体育消费的动因剖释、发展趋向与路径优化[J].成都体育学院学报,46(6):80-85.

刘芳枝,陈洪平,潘磊,2021.高质量发展背景下我国体育产业的关联效应与关联动力研究:基于投入产出数据的实证分析[J].武汉体育学院学报,55(8):57-64.

刘海霞,2019.我国经济高质量发展的内涵与本质[J].现代管理科学(11):3-5.

刘欢,2021.数字经济的测度:文献综述与研究展望[J].商业经济(12):146-147.

刘佳昊,2019.网络与数字时代的体育产业[J].体育科学,39(10):56-64.

刘家韵,陆雨,王明伟,2021."双循环"新发展格局下我国体育产业的宏观环境及发展对策分析:基于 PEST 模型[J].体育成人教育学刊,37(5):32-37.

刘家旗,茹少峰,2021.中国高质量发展水平测度:人民群众感知视角[J].经济纵横(05):93-101.

刘瑾,李保玉,孟庆庄,2023.数字经济与西部地区经济高质量发展:理论逻辑与实践路径[J].技术经济与管理研究(3):14-20.

刘军,杨渊鋆,张三峰,2020.中国数字经济测度与驱动因素研究[J].上海经济研究,32(6):81-96.

刘丽,吴慈生,王林川,2020.新经济背景下中国经济高质量发展的内涵及特征[J].哈尔滨师范大学社会科学学报,10(6):92-97.

刘亮,吕万刚,2021.新时代我国体育产业高质量发展的理论探赜与问题论域[J].北京体育大学学报,44(07):1-8.

刘伟,许宪春,熊泽泉,2021.数字经济分类的国际进展与中国探索[J].财贸经济,42(7):32-48.

刘旭,2021.中国数字经济"十四五"发展趋势特征分析[J].数字经济(8):8-12.

刘尹,敬龙军,陈秀宇,2022.我国体育产业数字化转型的机遇、挑战与对策[J].体育科技文献通报,30(1):195-198.

刘周敏,黄格,张洋源,2022.数字经济时代下体育场馆共享化建设逻辑、困境及路径[J].体育文化导刊(11):83-88.

芦胜男,刘冬磊,王子朴,2021.基于政策工具视角下我国体育消费政策分析:基于37份国家政策文本的内容分析(2014—2019)[J].武汉体育学院学报,55(1):51-58.

鲁志琴,陈林祥,任波,2021.人工智能对我国体育产业发展的推动作用[J].体育学研究,35(1):52-59.

鲁志琴,戴俊,何姿颖,2024."5G+AI"时代体育产业业态创新研究[J].河北体育学院学报,38(6):68-74.

罗佳意,2023.如何助力中国产业结构转型升级:以数字经济为视角[J].生产力研究(2):57-61.

罗来军,张福康,2022.高质量发展是全面建设社会主义现代化国家的首要任务:深入学习贯彻党的二十大精神系列党课[J].党课参考(23):44-59.

罗宇昕,李书娟,沈克印,等,2022.数字经济引领体育产业高质量发展的多维价值及推进方略[J].西安体育学院学报,39(1):64-72.

罗宇昕,李书娟,沈克印,2021.体育竞赛表演业的数字化革命:电子竞技职业化的时代困境和未来展望[J].中国体育科技,57(3):93-97.

罗文剑,夏幼根,2022.市域社会治理高质量发展的理论基础与实践进路[J].三晋基层治理(06):43-48.

马光秋,阎荣舟,2023.数字经济与高质量充分就业研究[J].理论视野(2):62-67.

马铭晨,吕拉昌,2024.新发展格局下中国大中型城市高质量发展评价体系构建及应用研究[J].经济问题探索(9):60-76.

马述忠,郭继文,2020.数字经济时代的全球经济治理:影响解构、特征刻画与取向选择[J].改革(11):69-83.

马新阳,王成,茹晓阳,2024.赛事产业联动赋能纽约体育城市发展经验及启示[J].体育文化导刊(9):88-95.

欧阳日辉,2023.数字经济成为地方经济高质量发展主引擎:从地方政府工作报告看如何加快发展数字经济[J].银行家(2):57-61.

潘建成,2017.培育新动能要有新思维[N].经济日报,07-31(11).

潘俊娇,2023.以数字经济推动经济高质量发展的探究[J].中国商论(9):22-25.

潘磊,方春妮,2023.我国体育产业与数字经济产业融合发展的水平测度[J].体育与科学,44(3):72-79.

潘玮,沈克印,2021.数字经济发展背景下体育服务业数字化融合困境与推进路径[J].湖北体育科技,40(6):502-505.

彭慧,倪燕芸,张丽娜,等,2023.数字经济赋能健身产业高质量发展策略研究[J].营销界(3):65-67.

戚凤雨,2023.数字经济、产业结构与经济高质量发展[J].科技和产业,23(7):151-156.

其实,2023.进一步推动数字经济高质量发展[J].上海人大月刊(4):31.

秦晓鹏,2023.基于大数据背景下的数字经济发展分析[J].现代商业(7):47-50.

任保平,巩羽浩,2023.数字经济助推黄河流域高质量发展的路径与政策[J].经济问题(2):15-22.

任保平,文丰安,2018.新时代中国高质量发展的判断标准、决定因素与实现途径[J].改革(4):5-16.

任保平,张倩,2023.中国式现代化新征程中高质量数字基础设施建设的新要求和实现路径[J].求是学刊,50(2):48-56.

任保平,2023.数字经济与中国式现代化有机衔接的机制与路径[J].人文杂志(1):2-7.

任波,黄海燕,2021.后疫情时代中国体育产业高质量发展研究[J].体育文化导刊(4):1-7.

任波,黄海燕,2021.数字经济驱动体育产业高质量发展的理论逻辑、现实困境与实施路径[J].上海体育学院学报,45(7):22-34.

任波,黄海燕,2020.中国数字经济与体育产业融合的动力、机制与模式[J].体育学研究,34(5):55-66.

任波,2018.中国体育产业结构的形成机理、演进逻辑与优化策略[J].沈阳体育学院学报,37(4):14-20.

任波,2020.后疫情时期中国体育产业助力体育强国建设的机遇、挑战与策略[J].南京体育学院学报(12):15-24.

任波,2022.数字经济时代我国体育消费数字化转型:新动能、新特征与新趋势[J].体育教育学刊,38(5):1-8.

任波,2021.数字经济时代中国体育产业数字化转型:动力、逻辑、问题与策略[J].天津体育学院学报,36(4):448-455.

任波,2022.数字经济时代中国体育产业与体育消费互动的内在机制与升级策略[J].山东体育学院学报,38(3):25-34.

任波,2024.体育服务业与体育制造业融合:动因、机理与效应[J].南京体育学院学报,23(9):1-11.

任春玲,2023.数字经济赋能我国经济高质量发展策略选择[J].长春金融高等专科学校学报(2):64-69.

赛迪智库信息化与软件产业研究所,2020.我国数字经济新业态新模式发展研判[N].中国计算机报,2020-11-23(8).

沈纲,沈秀,2021.体育特色小镇产业数字化创新驱动研究:以江苏为例[J].江苏社会科学(6):231-240.

沈建光,金天,龚谨,等,2021.产业数字化[M].北京:中信出版社.

沈克印,2020.新冠肺炎疫情之下体育产业的发展趋势与应对[J].体育成人教育学刊,36(02):14-19.

沈克印,寇明宇,王戬勋,等,2020.体育服务业数字化的价值维度、场景样板与方略举措[J].体育学研究,34(3):53-63.

沈克印,林舒婷,董芹芹,等,2022.我国体育产业数字化转型的现实要求、发展困境与实践策略[J].武汉体育学院学报,56(8):51-59.

沈克印,曾玉兰,董芹芹,等,2021.数字经济驱动体育产业高质量发展的理论阐释与实践路径[J].武汉体育学院学报,55(10):5-12.

盛斌,刘宇英,2022.中国数字经济发展指数的测度与空间分异特征研究[J].南京社会科学(1):43-54.

盛磊,2020.数字经济引领产业高质量发展:动力机制、内在逻辑与实施路径[J].价格理论与实践(2):13-17.

史丹,李鹏,2019.中国工业70年发展质量演进及其现状评价[J].中国工业经济(9):5-23.

斯丽娟,2023.数字经济推动区域协调发展:理论逻辑与实践路径[J].理论与改革(2):73-85.

宋然,2021.中国贸易结构升级与经济高质量发展研究[D].合肥:安徽大学.

宋洋,2019.经济发展质量理论视角下的数字经济与高质量发展[J].贵州社会科学(11):102-108.

宋洋,2020.数字经济、技术创新与经济高质量发展:基于省级面板数据[J].贵州社会科学(12):105-112.

申雅琛,吴睿,2022.数字经济推动区域经济高质量发展的影响研究[J].商业经济研究(14):154-157.

孙杰,2020.从数字经济到数字贸易:内涵、特征、规则与影响[J].国际经贸探索,36(5):87-98.

孙培蕾,郭泽华,2021.经济高质量发展空间差异与影响因素分析[J].统计与决策,37(16):123-125.

孙万兵,2021.数字经济时代数字劳动的基本特征及其当代价值[J].现代交际(12):214-216.

孙欣,隋冬楠,2021.经济高质量发展的影响因素研究[J].牡丹江师范学院学报(社会科学版)(5):1-9.

谭皓方,张守夫,2023.数字新基建、金融资源配置与经济高质量发展[J].云南民族大学学报(哲学社会科学版),40(1):134-142.

汤铎铎,刘学良,倪红福,等,2020.全球经济大变局、中国潜在增长率与后疫情时期高质量发展[J].经济研究,55(8):4-23.

唐娟,秦放鸣,2022.中国经济高质量发展水平测度及驱动因素分析[J].统计与决策,38(7):87-91.

佟孟华,褚翠翠,李洋,2022.中国经济高质量发展的分布动态、地区差异与收敛性研究[J].数量经济技术经济研究,39(06):3-22.

卢红梅,2024.数字经济赋能高质量增长的机理与政府政策重点[J].经济与社会发展研究(16):22-24.

万晓榆,罗焱卿,2022.数字经济发展水平测度及其对全要素生产率的影响效应[J].改革(1):101-118.

汪艳,王跃,殷广卫,等,2018.空间关联视角下体育产业集聚的时空演化研究:基于ESDA的实证[J].西安体育学院学报,35(3):281-288.

王晨曦,满江虹,2020.中国体育产业高质量发展评价指标体系的构建:基于动力变革、效率变革、质量变革[J].首都体育学院学报,32(3):241-250.

王芳,卜凡博,2023.数字经济对经济高质量发展的作用机制研究[J].当代金融研究,6(5):50-64.

王芳,2023.我国数字经济高质量发展路径研究:基于省际面板数据的实证分析[J].湖北社会科学(3):78-85.

王冠凤,2023.数字经济赋能中国高端服务业提质升级研究[J].西南金融(4):96-108.

王海潮,2023.河南省数字经济驱动体育产业高质量发展的理论逻辑与现实困境[J].洛阳理工学院学报(社会科学版),38(2):54-58.

王戬勋,沈克印,2020.疫情之下体育产业高质量发展的现实困境和推进思路[J].西安体育学院学报,37(4):400-407.

王金秋,2023.数字经济赋能经济高质量发展[N].中国社会科学报,01-18(003).

王静田,付晓东,2020.数字经济的独特机制、理论挑战与发展启示:基于生产要素秩序演进和生产力进步的探讨[J].西部论坛,30(6):1-12.

王静熙,牟粼琳,赵秀文,等,2024.国家体育产业示范基地设立对体育企业创新的影响研究:基于多期双重差分模型的实证分析[J].中国体育科技,60(8):76-87.

王娟娟,佘干军,2021.我国数字经济发展水平测度与区域比较[J].中国流通经济,35(8):3-17.

王军,刘小凤,朱杰,2023.数字经济能否推动区域经济高质量发展?[J].中国软科学(1):206-214.

王俊豪,周晟佳,2021.中国数字产业发展的现状、特征及其溢出效应[J].数量经济技术经济研究,38(3):103-119.

王磊,2014.新中国体育产业历史演进研究[D].长春:吉林大学.

王淋燕,周良君,李洋洋,等,2020.粤港澳大湾区跨境体育消费实证研究:以广东居民赴香港参加体育赛事为例[J].广州体育学院学报,40(5):1-8.

王领,邓兰平,2023.数字经济、消费升级与中国制造业高质量出口[J].常州大学学报(社会科学版),24(2):53-62.

王孟,刘东锋,2022.数字技术赋能体育产业低碳发展的理论逻辑、现实困境与实施路径[J].体育学研究,36(1):71-80.

王妹,刘奕彤,2023.数字经济赋能经济高质量发展的机制与路径剖析:评《数字经济赋能经济高质量发展》[J].当代财经(5):2.

王婉,范志鹏,秦艺根,2022.经济高质量发展指标体系构建及实证测度[J].统计与决策,38(3):124-128.

王伟光,韩旭,2023.国际化速度、双元创新与"专精特新"企业绩效:基于115家中国制造业单项冠军上市企业的实证研究[J].外国经济与管理,45(10):51-67.

王伟玲,吴志刚,2020.新冠肺炎疫情影响下数字经济发展研究[J].经济纵横(3):16-22.

王小明,邵睿,朱莉芬,2023.数字经济赋能制造业高质量发展探究[J].改革(3):148-155.

王旭烨,刘冰冰,刘戒骄,2023.我国数字经济规范发展研究[J].区域经济评论(3):69-79.

王璇,沈克印,2023.中国式现代化视域下数字经济助推体育产业高质量发展的实施路径[J].沈阳体育学院学报,42(4):115-121.

王雪,曹佩磊,2020.海南旅游产业和体育小镇融合发展研究[J].当代旅游,18(10):65-66.

王雪峰,曹昭乐,2020.我国经济高质量发展的内涵、特征及要求[J].中国国情国力(6):14-17.

王艺霖,2023.数字经济发展现状与展望[J].当代县域经济(5):72-75.

王裕瑾,李梦玉,2023.中国数字经济与高质量发展的耦合协调研究[J].经济与管理评论,39(1):104-118.

王钺,2023.数字经济破解我国产业发展低端锁定困境的影响机制研究[J].管理现代化(2):1-11.

王喆,邹月辉,2023.数字经济助力城市社区公共体育服务精准化供给的现实困境与解决路径[J].辽宁体育科技,45(3):34-37.

王志文,张瑞林,李凌,2021.我国体育产业营商环境的学理构成、问题检视与构建思路[J].体育学研究(5):31-38.

魏玲,2023.川渝地区体育产业与数字经济深度融合的机制和模式研究[J].经济师(4):133-134.

魏艳华,王丙参,朱琳,2023.基于时空熵权TOPSIS评价法的经济高质量发展水平测度:以广东省为例[J].统计与决策,39(8):91-95.

魏艺,陈治,2021.我国城市体育文化助推产业融合发展的路径探析[J].辽宁体育科技,43(3):29-33.

魏中龙,2021.数字经济的内涵与特征研究[J].北京经济管理职业学院学报,36(2):3-10.

吴波,2021.构建"主动健康社会"建设"健康中国":体育产业的功能价值与历史担当[J].唯实(8):74-79.

吴少龙,2022.深耕数字经济 深市主板企业赋能产业高质量发展[N].证券时报,04-06(A06).

吴越,汪子文,曹烃,2022.数字经济赋能老年体育服务发展的作用机制、制约因素与推进路径[J].吉林体育学院学报,38(5):46-50.

习近平出席全国网络安全和信息化工作会议并发表重要讲话[EB/OL].(2018-04-21)[2021-03-16].https://www.gov.cn/xinwen/2018-04/21/content_5284783.htm.

习近平出席亚太经合组织第二十七次领导人非正式会议并发表重要讲话[EB/OL].

(2020—11—21)[2021—03—16]. http://www. Gov. cn/xinwen/2020—11/21/content_5563112. htm.

习近平向2019中国国际智能产业博览会致贺信[EB/OL].(2019—08—26)[2021—03—16]. https://www. gov. cn/xinwen/2019—08/26/content_5424510. htm.

习近平在中国科学院第十九次院士大会、中国工程院第十四次院士大会上的讲话[EB/OL].(2018—05—28)[2021—03—16]. https://politics. gmw. cn/2018—05/28/content_29014714. htm.

习近平主持十九届中共中央政治局第二次集体学习[EB/OL].(2017—12—10)[2021—03—16]. https://www. xuexi. cn/42705a62cdb540848e2daa3cba96bf5e/e43e220633a65f9b6d8b53712cba9caa. html.

夏幼根,2024.市域社会治理质量评价指标体系构建与应用研究[D].南昌:南昌大学.

向晓梅,张拴虎,胡晓珍,2019.海洋经济供给侧结构性改革的动力机制及实现路径:基于海洋经济全要素生产率指数的研究[J].广东社会科学(5):27-35.

肖淑红,2021.新发展格局下如何做强我国体育产业[J].国家治理(12):45-48.

肖雄,2023.我国数字经济发展现状与策略研究[J].经营与管理(5):172-178.

徐德顺,2021.全球数字贸易主要特征与中国发展策略[J].海外投资与出口信贷(4):8-11.

徐慧,2023.数字经济对中国制造业高质量发展的影响[J].时代经贸,20(1):150-154.

徐开娟,黄海燕,廉涛,2019.我国体育产业高质量发展的路径与关键问题[J].上海体育学院学报,43(04):29-37.

徐清源,单志广,马潮江,2018.国内外数字经济测度指标体系研究综述[J].调研世界(11):52-58.

徐星,惠宁,崔若冰,等,2023.数字经济驱动制造业高质量发展的影响效应研究:以技术创新效率提升与技术创新地理溢出的双重视角[J].经济问题探索(2):126-143.

徐晔,赵金凤,2021.中国创新要素配置与经济高质量耦合发展的测度[J].数量经济技术经济研究,38(10):46-64.

徐颖,刘登鳌,2023.数字经济、数据要素禀赋与制造业高质量发展[J].上海管理科学,45(2):26-31.

许金富,杨少雄,2020.体育产业发展与区域产业结构升级的动态关系研究:基于VAR模型和脉冲响应的实证检验[J].河北体育学院学报,34(2):30-36.

许敏兰,胡彦梦,2024.中国数字经济发展水平测度、区域差异分解及空间演进路径[J].石家庄学院学报,26(5):5-16.

宣澍,朱英择,李心怡,2023.数字经济背景下促进我国体育保险业健康发展的策略分析[J].对外经贸(3):14-17.

严伟,2023.数字经济赋能旅游业高质量发展的演化机理及政策协同[J].社会科学家(1):42-48.

严宇珺,龚晓莺,2023.数字经济助推共同富裕:基本逻辑、作用机制及实现路径[J].西南民族大学学报(人文社会科学版),44(2):124-130.

阳立高,许调蓉,韩峰,2023.中国数字经济与制造业融合发展水平测度及其时空特征[J].财经理论与实践,44(2):81-87.

阳镇,2023.数字经济如何驱动企业高质量发展?:核心机制、模式选择与推进路径[J].上海财经大学学报,25(3):92-107.

杨国歌,邓峰,王一飞,等,2023.数字经济、知识溢出与区域高质量发展[J].统计与决策,39(6):104-108.

杨海东,李彩霞,2021.数字体育助推体育强国建设的价值、困境与路径[J].体育文化导刊(12):1-6.

杨京钟,刘坚,仇军,等,2024.新质生产力赋能体育产业高质量发展:内涵意蕴、现实挑战及推进方略[J].北京体育大学学报,47(8):11-22.

杨麟,阿英嘎,2020."区块链+体育"的应用场域及其运营保障[J].体育学研究,34(1):27-32.

杨苓,韩朝阳,2021.产业链视角下我国冰雪体育产业高质量发展机遇、挑战及路径[J].湖北体育科技,40(7):618-621.

杨仁发,徐晓夏,2023.数字经济对商贸流通业高质量发展的影响[J].中国流通经济,37(5):28-40.

杨铄,叶凌云,陈叙南,等,2023.数字经济时代职业体育转播产业:新特征、增长点与全球市场结构[J].天津体育学院学报,38(1):17-24.

杨松,侯昀昀,2022.数字经济时代我国体育产业与电子信息产业耦合协调:机理分析与实证研究[J].山东体育学院学报,38(5):62-68.

杨涛,2021."共享经济"新经济增长点视阈下体育产业发展战略[J].中国管理信息化,24(13):103-104.

杨晓燕,张宝明,2024.数字经济助推体育产业高质量发展的路径研究[J].生产力研究(3):72-76.

杨秀云,从振楠,2023.数字经济与实体经济融合赋能产业高质量发展:理论逻辑、现实困境与实践进路[J].中州学刊(5):42-49.

杨镒泽,魏修建,2022.中国经济高质量发展的测度评价、制约因素及破解路径:相关文献综述[J].四川轻化工大学学报(社会科学版)37(04):67-86.

姚凤阁,梁珈源,2023.数字金融、电商发展与产业结构优化协同发展的时空演化分析[J].商业经济研究(2):172-176.

姚亚伟,2023.数字经济驱动体育产业高质量发展研究[J].鄂州大学学报,30(2):55-56.

叶海波,2021.新发展阶段数字经济驱动体育产业高质量发展研究[J].体育学研究,35(5):9-18.

叶建亮,朱希伟,黄先海,2019.企业创新、组织变革与产业高质量发展:首届中国产业经济学者论坛综述[J].经济研究,54(12):198-202.

殷洁森,2022.我国体育产业数字化转型路径研究[J].苏州市职业大学学报,33(3):49-54.

尹慧玲,2023.数字经济时代中日韩体育产业数字化转型的挑战与路径[J].当代体育科技,13(8):93-96.

於鹏,陈刚,孔景,2021.北京冬奥会:冰雪文化启蒙与体育旅游产业推进策略:《体育与科学》"北京冬奥会与中国冰雪文化发展"学术工作坊综述[J].体育与科学,42(6):1-5.

俞立平,胡甲滨,2023.数字经济对设自贸区省市经济高质量发展的影响效应[J].现代经济探讨(4):1-14.

喻袁崛,喻坚,2023.数字经济驱动体育产业高质量发展研究综述与展望[J].时代经贸,20(3):148-152.

袁惠爱,赵丽红,岳宏志,2023.数字经济影响旅游业高质量发展:理论机制与经验证据[J].云南财经大学学报,39(5):16-31.

袁野,李林汉,2023.数字经济、技术创新与经济高质量发展的耦合协调效应研究[J].工业技术经济,42(1):45-54.

袁艺,张文彬,2022.共同富裕视角下中国经济高质量发展:指标测度、跨区比较与结构分解[J].宏观质量研究,10(4):95-106.

曾鑫峰,黄海燕,2024.区域体育产业协同创新网络的空间演化和结构特征:以我国三大城市群为例[J].武汉体育学院学报,58(10):49-57.

曾玉兰,沈克印,2020.新冠肺炎疫情下体育旅游业的发展趋势与应对之策[J].湖北体育科技,39(8):659-663.

曾玉兰,许文鑫,沈克印,2023.数字经济驱动体育消费升级的内在机理、问题审视与推进策略[J].西安体育学院学报,40(2):147-155.

詹新寰,2010.中国体育产业政策的历史与走向[J].环球体育市场(6):32-33.

张保伟,2023.数字经济时代江苏省文旅融合高质量发展策略研究[J].边疆经济与文化(5):50-53.

张伯超,沈开艳,2018."一带一路"沿线国家数字经济发展就绪度定量评估与特征分析[J].上海经济研究,30(1):94-103.

张驰,王满仓,2023.数字经济对居民消费升级的影响效果及作用机制检验[J].统计与决策,39(7):11-16.

张川,曹电康,2024.人工智能赋能冰雪体育产业高质量发展研究[J].体育研究与教育,39(5):24-29.

张存刚,王传智,2021.经济高质量发展的内涵、基本要求与着力点:一个马克思主义政治经济学的分析视角[J].兰州文理学院学报(社会科学版),37(1):91-95.

张鸿,董聚元,王璐,2022.中国数字经济高质量发展:内涵、现状及对策[J].人文杂志(10):75-86.

张建辉,黄海燕,约翰·诺瑞德,2017.国际体育产业发展报告[M].北京:社会科学文献出版社.

张路娜,胡贝贝,王胜光,2021.数字经济演进机理及特征研究[J].科学学研究,39(3):406-414.

张敏怡,2021.数字经济时代对线上运动产业的影响与疫后发展[J].现代企业(5):73-74.

张睿,董芹芹,2022.数字经济驱动体育产业跨界融合的理论阐释与推进路径[J].湖北体育科技,41(12):1103-1108.

张润宇,2023.数字经济背景下体育信息化建设的理论溯源、现实困境与推进策略[J].哈尔滨体育学院学报,41(1):46-51.

张森木,2016.互联网+体育产业发展战略研究[J].体育文化导刊(3):121-124.

张未靖,2021."疫情新常态下"数字体育产业发展策略研究[J].当代体育科技,11(17):243-250.

张欣,岳辉,2024.我国体育旅游产业数字化转型实现路径研究[J].体育学研究,38(5):96-106.

张懿晟,2023.江苏省经济高质量发展水平测度及时空差异分析[J].中国商论(1):23-26.

张哲华,钟若愚,2023.数字经济、绿色技术创新与城市低碳转型[J].中国流通经济,37(5):60-70.

张志元,李娟娟,2023.经济高质量发展新动能的生成机理与塑造路径[J].河北经贸大学学报,44(3):47-54.

赵昌文,许召元,等,2020.新工业革命背景下的中国产业升级[M].北京:北京大学出版社.

赵超,2023.习近平关于数字经济重要论述的时代价值[J].邓小平研究(3):1-10.

赵梦,2023."十四五"时期数字经济赋能高质量发展的创新路径[J].西南金融(3):84-95.

赵儒煜,常忠利,2020.经济高质量发展的空间差异及影响因素识别[J].财经问题研究(10):22-29.

赵涛,张智,梁上坤,2020.数字经济、创业活跃度与高质量发展:来自中国城市的经验证据[J].管理世界,36(10):65-76.

赵彤彤,焦方义,张东超,2023.数字经济、公共服务与经济高质量发展:基于中国省级面板数据的实证分析[J].价格理论与实践(3):99-102.

赵巍,2023.数字经济与城市对外贸易高质量发展:来自我国284个城市的经验证据[J].中国流通经济,37(4):96-106.

赵巍,徐筱雯,沈丽玲,2023.数字经济赋能体育用品出口竞争力提升:作用效果与传导机制[J].山东体育学院学报,39(1):48-56.

赵巍,徐筱雯,2024.数字经济驱动体育用品制造业出口韧性的机制与效应[J].山东体育学院学报,40(5):49-56.

赵新辉,谢利威,朱亚杰,等,2023.我国智慧体育的研究热点、历程演变及发展趋势分析[J].湖北体育科技,42(4):311-319.

赵雪娇,李阳杰,楼钟维,2023.数字经济对长三角区域经济发展的实证研究[J].中国商论(7):13-15.

赵雪娇,李阳杰,楼钟维,2023.数字经济对长三角区域经济发展的实证研究[J].中国商论(7):13-15.

赵玉龙,2019.金融发展、资本配置效率与经济高质量发展:基于我国城市数据的实证研究[J].金融理论与实践(09):17-25.

赵云辉,吴心月,白佳奇,等,2023.数字经济、产业融合与城市经济高质量发展:基于制度环境的调节作用[J].财经理论研究(1):1-18.

甄俊杰,师博,张新月,2023.中国数字创新与经济高质量发展的协同效应及动态演进预测[J].现代财经(天津财经大学学报),43(3):3-20.

郑健壮,李强,2020.数字经济的基本内涵、度量范围与发展路径[J].浙江树人大学学报(人文社会科学),20(6):33-39.

郑俊锃,郑文焱,2023.全面推进数字经济高质量安全发展[J].上海企业(3):43-52.

郑琼洁,曹劲松,2023.数字经济与实体经济融合的基本逻辑及路径选择[J].江苏社会科学(1):95-102.

中国科学院科技战略咨询研究院课题组,2020.产业数字化转型:战略与实践[M].北京:机械工业出版社.

中国信息通信研究院,2021.中国数字经济发展白皮书[R].

钟倪,任君保,张春燕,等,2023.体育产业高质量发展的"量"与"质"协同问题研究[J].体育学研究,37(3):95-107.

周国富,王晓宇,张书霞,2020.新常态下经济高质量发展的核心内涵及测度方法研究:兼评各省区经济发展质量[J].贵州省党校学报(2):14-27.

周结友,刘婉亭,2024.数字技术赋能下的沉浸式体育消费推进路径研究[J].天津体育学院学报,39(4):397-404.

周凯航,2022.创新消费模式,激发高质量发展新动能[N].江苏经济报,08-09(A01).

周雷,许佳,菲努拉·艾尼瓦尔,2023.数字经济时代金融科技服务实体经济高质量发展研究进展与展望[J].金融理论探索(3):69-80.

周强,杨双燕,周超群,2020.体育产业领域中区块链技术应用的逻辑及其风险规避[J].体育学研究,34(1):33-41.

周亚虹,冯树辉,邱静,等,2024.数字经济发展赋能科技成果市场化转化:理论逻辑与机制设计[J].学术月刊,56(6):48-62.

周泽炯,陈洪梅,2023.数字经济与高质量发展的耦合协调研究:基于中国30个省份面板数据的实证[J].青岛科技大学学报(社会科学版),39(1):1-9.

周正,门博阳,王搏,2023.数字经济驱动制造业高质量发展的增长效应:基于中国数字经济与制造业的实证检验[J].河南师范大学学报(哲学社会科学版),50(1):72-78.

朱贵昌,2020.欧盟数字化发展面临诸多挑战[J].人民论坛(19):122-125.

朱菊芳,徐光辉,2019.我国城乡居民收入增长、消费结构升级与体育产业发展耦合关系[J].武汉体育学院学报,53(12):37-45.

祝合良,王春娟,2021."双循环"新发展格局战略背景下产业数字化转型:理论与对策[J].财贸经济,42(3):14-27.

祝合良,王春娟,2020.数字经济引领产业高质量发展:理论、机理与路径[J].财经理论与实践,41(5):2-10.

邹茂宁,2022.新发展阶段数字经济驱动体育产业高质量发展[J].体育视野(16):1-3.

邹新娴,杨松,白宇飞,2022.数字经济赋能我国体育消费升级的作用机理与实现路径[J].沈阳体育学院学报,41(6):7-13.

邹雨佳,2023.数字经济促进高质量发展:基于消费增长和产业结构升级的实证研究[J].科技和产业,23(4):143-149.

二、外文文献

Armour K, 2011. Sport Pedagogy: An Introduction for Teaching and Coaching[M]. London: Routledge, https://doi.org/10.4324/9781315847108

Bailey R, Armour K, Kirk D, et al, 2009. The educational benefits claimed for physical education and school sport:an academic review[J]. Research Papers in Education,24(1):1-27.

Bean C,Forneris T, 2017. Is life skill development a by-product of sport participation? perceptions of youth sport coaches[J]. Journal of Applied Sport Psychology, 29(2): 234-250.

Beaudoin S, 2012. Using responsibility-based strategies to empower in-service physical education and health teachers to learn and implement TPSR[J]. ágora, 14(2): 161-177.

Benson P L, Scales P C, Hamilton S F, et al, 2006. Positive youth development: Theory, research, and applications[M]// Lerner R M (ed.). Theoretical Models of Human Development. Hoboken, NJ: John Wiley & Sons Inc: 894-941.

Carron A V, Spink K S, 1993. Team building in an exercise setting[J]. The Sport Psychologist,7(1):8-18.

Coakley J, 2011. Youth sports[J]. Journal of Sport and Social Issues,35(3):306-324.

Cohen L, Manion L, Morrison K, 2017. Research Methods in Education[M]. 8th Edition. London:Routledge,https://doi.org/10.4324/9781315456539

Cryan M,Martinek T, 2017. Youth sport development through soccer:an evaluation of an after-school program using the TPSR model[J]. The Physical Educator, 74(1): 127-149. Danish S J, Petitpas A J, Hale B D, 1992. A developmental-educational intervention model of sport psychology[J]. The Sport Psychologist,6(4):403-415.

Diedrich K C, 2014. Using TPSR as a teaching strategy in health classes[J]. Physical Educator, 71(3): 491-504.

Doty J, 2006. Sports build character?! [J]. Journal of College and Character,7(3): 332-338.

Dudley D, Cairney J, Wainwright N, et al, 2017. Critical considerations for physical literacy policy in public health, recreation, sport, and education agencies[J]. Quest,69(4): 436-452.

Escartí A, Gutiérrez M, Pascual C, et al, 2010. Implementation of the personal and social responsibility model to improve self-efficacy during physical education classes for primary school children[J]. International Journal of Psychology and Psychological Therapy, 10(3):387-402.

Escartí A, Gutiérrez M, Pascual C, et al, 2010. Application of Hellison's Teaching Personal and Social Responsibility Model in physical education to improve self-efficacy for adolescents at risk of dropping-out of school[J]. The Spanish Journal of Psychology,13(2): 667-676.

Fraser-Thomas J, Côté J, 2009. Understanding adolescents' positive and negative developmental experiences in sport[J]. The Sport Psychologist,23(1):3-23.

Fraser-Thomas J L,Côté J,Deakin J, 2005. Youth sport programs:an avenue to foster positive youth development[J]. Physical Education and Sport Pedagogy,10(1):19-40.

Goudas M,Giannoudis G, 2008. A team-sports-based life-skills program in a physical education context[J]. Learning and Instruction,18(6):528-536.

Gould D, Carson S, 2008. Life skills development through sport: current status and future directions[J]. International Review of Sport and Exercise Psychology,1(1):58-78.

Grineski S, 1996. Cooperative learning in physical education[M]. Champaign, IL: Human Kinetics Publishers.

Haere L, Permentier V, Tallir I, et al, 2017. Inspireren En Bewegen: Aan De Slag Met Ondersteunende Rollen in De Lessen LO [Inspire and move: Get started with supporting roles in the Physical Education][M]. Leuven: Acco.

Hardman K, Murphy C, Routen A, et al, 2014. World-wide survey of school physical education: final report 2013[R]. Paris: UNESCO.

Hellison D, 1995. Teaching responsibility through physical activity[M]. Champaign, IL: Human Kinetics Publishers.

Hellison D, 2011. Teaching personal and social responsibility through physical activity [M]. Champaign, IL: Human Kinetics Publishers.

Hemphill M A, Templin T J, Wright P M, 2015. Implementation and outcomes of a responsibility-based continuing professional development protocol in physical education[J]. Sport, Education and Society, 20(3): 398-419.

Hodge K, Lonsdale C, 2011. Prosocial and antisocial behavior in sport: the role of coaching style, autonomous vs. controlled motivation, and moral disengagement[J]. Journal of Sport & Exercise Psychology, 33(4): 527-547.

Holt N L, 2016. Positive youth development through sport [M]. New York: Routledge.

Holt N L, Kingsley B C, Tink L N, et al, 2011. Benefits and challenges associated with sport participation by children and parents from low-income families[J]. Psychology of Sport and Exercise, 12(5): 490-499.

Kirk D, 2010. The practice of physical education and the social construction of aims [M]//Bailey R (ed.). Physical Education for Learning: A Guide for Secondary Schools. London/New York: Continuum: 15-25.

Kolb D A, 2014. Experiential learning: experience as the source of learning and development[M]. Upper Saddle River, NJ: Pearson Education.

Lerner R M, Almerigi J B, Theokas C, et al, 2005. Positive youth development a view of the issues[J]. The Journal of Early Adolescence, 25(1): 10-16.

Martinek T J, Hellison D R, 1997. Fostering resiliency in underserved youth through physical activity[J]. Quest, 49(1): 34-49.

Martinek T, Lee O, 2012. From community gyms to classrooms: a framework for values-transfer in schools[J]. Journal of Physical Education, Recreation & Dance, 83(1): 33-51.

Martins P, Rosado A, Ferreira V, et al, 2015. Examining the validity of the personal-social responsibility questionnaire among athletes[J]. Motriz: Revista de Educação Física, 21(3): 321-328.

Miles M, Huberman A, Saldaña J, 2013. Qualitative data analysis: a methods sourcebook[M]. Thousand Oaks, CA: SAGE.

Miller S C, Bredemeier B J L, Shields D L L, 1997. Sociomoral education through physical education with at-risk children[J]. Quest, 49(1): 114-129.

Moher D, Liberati A, Tetzlaff J, et al, 2010. Preferred reporting items for systematic reviews and meta-analyses: the PRISMA statement[J]. International Journal of Surgery, 8(5): 336-341.

Morris L, Sallybanks J, Willis K, et al, 2016. Sport, physical activity and antisocial behaviour in youth[J]. Youth Studies Australia(23): 47-52.

Parker M, Stiehl J, 2005. Personal and social responsibility[M]//Lund J, Tannehill D (eds). Standards-Based Physical Education Curriculum Development. Boston, MA: Jones and Bartlett: 131-153.

Mischenko N Y, Kolokoltsev M, Romanova E, et al, 2021. Additional physical training for children over five years old[J]. Phys. Educ. Sport(21): 1444-1451.

Narzikulovich N N, 2022. Development of physical qualities of preschool children by means of mobile games[J]. Int. J. Discov. Innov. Appl. Sci. (2): 45-48.

Navarro-Patón R, Martín-Ayala J L, Martí González M, et al, 2021. Effect of a 6-week physical education intervention on motor competence in pre-school children with developmental coordination disorder[J]. Journal of Clinical Medicine, 10(9): 1936.

Pasichnyk V, Khimenes K, Pityn M, et al, 2021. Physical condition of preschool children with disabilities in psychological and physical development[J]. Phys. Educ. Sport, (21): 352-359.

Pérez-Ordás R, Nuviala A, Grao-Cruces A, et al, 2021. Implementing service-learning programs in physical education: teacher education as teaching and learning models for all the agents involved: A systematic review[J]. International Journal of Environmental Research and Public Health, 18(2): 669.

Plummer L, Belgen Kaygısız B, Pessoa Kuehner C, et al, 2021. Teaching online during the COVID-19 pandemic: A phenomenological study of physical therapist faculty in Brazil, Cyprus, and the United States[J]. Education Sciences, 11(3): 130.

Rakhmatillayevna B M, 2021. Organization of movement skills of preschool children on the basis of game[J]. Pedagogical Invent. Pract. (3): 73-75.

Riyanto P, Syamsudin S, 2021. The effect of physical education to improve motor competence of elementary school children[J]. Jurnal Olahraga, 6(2): 213-221.

Ruzimbaevich N A, Ruzimboev M A, 2021. Methodological methods of teaching children for movement activities in the process of physical education classes[J]. Web Sci. Int. Sci. Res. J. (2): 313-322.

Senol F B, 2021. Physical activity and preschool children: Preschool teachers' perceptions[J]. Southeast Asia Early Childhood Journal, 10(2): 132-146.

Sevimli-Celik S, 2021. Moving between theory and practice: preparing early childhood pre-service teachers for teaching physical education[J]. Journal of Early Childhood Teacher Education, 42(3): 281-298.

Tan M W, Lim F P, Siew A L, et al, 2021. Why are physical assessment skills not practiced? A systematic review with implications for nursing education[J]. Nurse Education Today(99): 104759.

Tashpulatov F A, Shermatov G K, 2021. Place and role of physical education in the general system of education of preschool children[J]. Int. J. Dev. Public Policy(1): 77-80.

Terrón-Pérez M, Molina-García J, Martínez-Bello V E, et al, 2021. Relationship between the physical environment and physical activity levels in preschool children: A systematic review[J]. Current Environmental Health Reports, 8(2): 177-195.

Turdimurodov D Y, 2021. Preschool period: Pedagogical aspect of education of will in a child[J]. Curr. Res. J. Pedagogics(2): 47-51.

Yan R J, Gong E Y, Li X X, et al, 2022. Impact of obesogenic environments on sugar-sweetened beverage consumption among preschoolers: findings from a cross-sectional survey in Beijing[J]. Nutrients, 14(14): 2860.

Yoshimi E, Nomura T, Kida N, 2021. Effects of a rhythmic-play exercise program on coordination in preschool children[J]. Advances in Physical Education, 11(2): 207-220.

Young L, O'Connor J, Alfrey L, et al, 2021. Assessing physical literacy in health and physical education[J]. Curriculum Studies in Health and Physical Education, 12(2): 156-179.

附 录

附表1 2011年—2021年中国各省市电信业务总量

(单位:亿元)

地区	2011年	2012年	2013年	2014年	2015年	2016年	2017年	2018年	2019年	2020年	2021年
北京	436.3	488.9	757	686.7	923.36	593.08	870.58	1755.46	2682	3247.63	512.96
天津	153.2	159.3	213.1	207.5	261	183.09	300.67	737.82	1194.6	1584.54	207.71
河北	491.3	538.7	728.7	728.1	866.46	623.2	1096.19	2790.14	4741.9	5971.71	756.64
山西	279.3	308.5	392.3	394.6	472.8	328.73	584.21	1372.93	2375.2	3091.7	374.63
内蒙古	231.5	258.5	311.2	316.6	377.07	249.64	491.17	1270.77	2075.8	2584.73	296.92
辽宁	434.4	473.2	582.2	587.8	729.4	512.71	873.25	1774.96	2723.2	3388.94	414.06
吉林	220.3	240.6	295.5	297.5	351.13	264.31	486.1	1077.8	1769.3	2119.9	244.07
黑龙江	277.7	297.4	377.3	385.9	459.29	320.28	597.31	1131.53	1732.4	2092.5	246.83
上海	415.3	447.1	791.8	595.5	778.76	509.97	693.79	1436.34	2240.4	2824.19	574.58
江苏	832.5	914.6	1402.8	1321.3	1800.47	1206.6	2066.5	4814.66	7545.4	9188.72	1328.81
浙江	750.4	809.9	1283.5	1143.9	1613.54	1116.48	1794.18	4101.33	6717	8309.99	1105.39
安徽	332.3	372.2	534	549.2	707.27	489.54	831.8	2260.95	4006.7	5053.59	602.42
福建	451.5	514.2	738.4	694.3	860.61	588.52	908.95	2026.23	3235.5	3908.46	530.53

续表

地区	2011年	2012年	2013年	2014年	2015年	2016年	2017年	2018年	2019年	2020年	2021年
江西	251	278.7	379.2	394.4	550.37	386.54	661.48	1 609.18	2 838.5	3 537.88	428
山东	727.7	797.5	1 063.8	1 066.8	1 269.06	863.38	1 499	3 659.14	5 786.4	7 198.8	1 016.13
河南	540.9	610.9	837.8	894.5	1 164.37	757.67	1 484.62	3 950.31	5 999.1	8 156.78	994.71
湖北	388.9	438.7	610.2	620.4	828.34	515.29	857.64	2 040.03	3 370.8	4 205.17	528.89
湖南	400.5	442.5	595.3	663.7	802.51	555.75	929.11	2 477.1	4 248.8	5 671.25	636.5
广东	1 617.2	1 766.4	2 768.1	2 493.5	3 150.03	1 991.31	3 579.7	7 798.43	12 046.4	15 025.3	1 932.37
广西	304.7	342.2	435.3	465.9	607.89	388.96	711.65	2 053.66	3 587.8	4 826.86	536.25
海南	86.7	97.1	126.4	128.8	171.31	125.95	251.27	569.24	874	1 146.73	135.77
重庆	218	245.7	357.6	370.9	493.55	349.01	611.48	1 543.52	2 603	3 190.23	374.15
四川	550.3	619.9	842.8	909.6	1 159.02	714.93	1 245.99	3 297.15	5 164.9	7 526.73	947.43
贵州	204.4	244.1	331.8	353.9	481.39	336.23	836.12	2 193.37	3 874.7	5 077.83	437.54
云南	307.8	345.2	452.8	538.9	757.28	500.98	1 143.47	2 478.73	4 185.2	5 647.84	523.73
西藏	23.9	33	41.7	45.4	53.79	32.95	45.21	112.47	301.4	429.09	61.85
陕西	319.7	355.1	477.8	520.7	699.49	464.99	836	2 215.91	3 366.9	4 148.73	442.8
甘肃	161.1	180	238.7	264	349.29	232.05	456.19	1 194.2	1 958.9	2 557.64	300.63
青海	45.9	54.5	67.5	77.2	101.65	67.21	161.68	422.81	637	827.54	86.14
宁夏	54	61.1	80.4	91.9	123.23	94.73	204.87	462.92	743.9	924.34	104.64
新疆	217.4	246.6	317.1	329	382.55	252.85	333.28	856.18	2 006	3 092.05	371.43

附表 2 2011 年—2021 年中国各省市每百人移动电话用户数

(单位：台)

地区	2011 年	2012 年	2013 年	2014 年	2015 年	2016 年	2017 年	2018 年	2019 年	2020 年	2021 年
北京	131.29	156.9	159.53	189.46	181.73	178.06	172.85	186.11	186.66	178.43	181.49
天津	95.12	97.8	89.88	89.12	88.54	96.01	101.49	105.7	109.15	123.4	127.1
河北	70.82	76.1	81.91	84.36	82.63	95.33	100.83	108.46	109.53	111.73	116.05
山西	68.46	76.9	85.55	91.35	88.46	91.42	98.53	106.55	106.92	115.22	118.55
内蒙古	93.7	102.7	107.73	105.18	94.66	98.04	112.36	120.14	118.59	123.17	125.71
辽宁	87.69	97.9	104.41	103.29	97.89	101.13	108.85	111.96	112.22	114.43	117.63
吉林	72.96	82.1	86.22	94.91	91.22	97.14	105.57	110.98	107.69	119.22	124.88
黑龙江	62	69.5	78.76	90.21	87.36	90.69	96.53	101.6	104.74	120.7	120.3
上海	113.79	128.2	132.52	135.74	129.69	130.44	136.4	153.57	165.06	171.99	176.7
江苏	84.95	94.6	100.03	101.39	100.21	102.5	109.69	121.65	125.97	116.78	119.68
浙江	105.67	117.9	128.62	133.82	131.5	129.27	134.18	144.83	149.34	132.96	135.47
安徽	54.72	60.5	65.65	69.31	68.17	70.1	78.09	87.54	91.8	98.74	101.3
福建	96.21	108.8	114.02	112.37	108.2	107.36	109.82	115.54	118.81	114.09	115.22
江西	52.04	57.3	62.07	64.69	66.37	68.39	74.62	87	89.09	94.04	99.54
山东	74.24	78.7	85.62	88.5	92.3	96.46	99.38	105.2	107.1	107.43	110.6
河南	53.82	61.6	76.49	81.74	79.51	82.76	89.48	97.39	102.09	101.16	104.75
湖北	69.02	79.1	76.16	79.21	77.42	79.59	84.62	94.13	95.97	98.37	100.7

续表

地区	2011年	2012年	2013年	2014年	2015年	2016年	2017年	2018年	2019年	2020年	2021年
湖南	57.06	64.6	68.3	70.15	69.17	73.2	82.85	91.36	96.09	101.13	104.84
广东	103.37	118.7	138.16	139.35	133.47	130.46	132.48	148.27	143.5	123.3	128.25
广西	54.94	62.1	62.2	74.75	74.96	78.01	89.77	102.42	103.38	106.39	109.42
海南	77.29	88.4	95.87	100.44	98.16	102.75	108.83	116.16	120.21	112.61	113.56
重庆	62.43	70.9	80.16	86.58	90.76	94.48	106.49	117.7	117.75	113.56	116.77
四川	59.89	68.3	77.5	81.18	82.87	88.29	92.67	108.72	112.76	109.05	111.55
贵州	58.76	66.9	76.03	82.25	83.34	86.71	97.36	109.46	111.78	106.15	110.85
云南	56.27	62.5	72.46	79.52	78.87	82.65	88.08	96.47	100.1	104.92	107.58
西藏	65.25	77.7	85.13	91.9	82.93	85.9	86.11	90.84	91.69	88.24	91.1
陕西	77.84	87.2	93.32	95.55	94.04	100.02	110.04	121.33	119.72	116.11	120.83
甘肃	63.07	68.8	76.53	79.46	80.99	84.44	96.22	103.74	103.92	106.87	110.23
青海	82.32	94.6	93.88	93.24	87.88	90.95	102.09	113.79	110.73	111.31	114.56
宁夏	82.22	92.5	95.87	104.04	95.32	106.15	116.16	128.04	119.24	116.51	119.46
新疆	76.47	91	94.24	90.38	85.96	88.91	92.13	108.73	108.79	110.11	114.54

附表3　2011年—2020年中国各省市互联网上网数　　　　　　　　（单位：万人）

地区	2011年	2012年	2013年	2014年	2015年	2016年	2017年	2018年	2019年	2020年
北京	1 379	1 458	1 556	1 593	1 647	1 690	1 787	1 932	2 108	2 301
天津	719	793	866	904	956	999	1 056	1 142	1 246	1 360
河北	2 597	3 008	3 389	3 603	3 731	3 956	4 183	4 522	4 935	5 385
山西	1 405	1 589	1 755	1 838	1 975	2 035	2 152	2 326	2 539	2 770
内蒙古	854	965	1 093	1 142	1 259	1 311	1 386	1 499	1 635	1 785
辽宁	2 092	2 199	2 453	2 580	2 731	2 741	2 898	3 133	3 419	3 731
吉林	966	1 062	1 163	1 243	1 313	1 402	1 482	1 603	1 749	1 908
黑龙江	1 206	1 329	1 514	1 599	1 707	1 835	1 940	2 098	2 289	2 498
上海	1 525	1 606	1 683	1 716	1 773	1 791	1 894	2 047	2 234	2 438
江苏	3 685	3 952	4 095	4 274	4 416	4 513	4 772	5 159	5 630	6 143
浙江	3 052	3 221	3 330	3 458	3 596	3 632	3 840	4 152	4 531	4 944
安徽	1 585	1 869	2 150	2 225	2 395	2 721	2 877	3 110	3 394	3 704
福建	2 102	2 280	2 402	2 471	2 648	2 678	2 832	3 061	3 341	3 645
江西	1 088	1 267	1 468	1 543	1 759	2 035	2 152	2 326	2 539	2 770
山东	3 625	3 866	4 329	4 634	4 789	5 207	5 506	5 952	6 495	7 088
河南	2 582	2 856	3 283	3 474	3 703	4 110	4 346	4 698	5 127	5 595
湖北	2 129	2 309	2 491	2 625	2 723	3 009	3 182	3 440	3 753	4 096
湖南	1 936	2 200	2 410	2 579	2 685	3 013	3 186	3 444	3 758	4 101
广东	6 300	6 627	6 992	7 286	7 768	8 024	8 484	9 172	10 009	10 923
广西	1 353	1 586	1 774	1 848	2 033	2 213	2 340	2 530	2 761	3 012
海南	338	384	411	421	466	470	497	537	586	640
重庆	1 068	1 195	1 293	1 357	1 445	1 556	1 645	1 779	1 941	2 118
四川	2 229	2 562	2 835	3 022	3 260	3 575	3 780	4 087	4 460	4 866
贵州	840	991	1 146	1 222	1 346	1 524	1 611	1 742	1 901	2 075
云南	1 140	1 321	1 528	1 643	1 761	1 892	2 001	2 163	2 360	2 575
西藏	90	101	115	123	142	149	158	170	186	203
陕西	1 429	1 551	1 689	1 745	1 886	1 989	2 103	2 274	2 481	2 708
甘肃	700	795	894	951	1 005	1 101	1 164	1 259	1 373	1 499
青海	208	238	274	289	318	320	338	366	399	436
宁夏	207	258	283	295	326	339	358	388	423	461
新疆	882	962	1 094	1 139	1 262	1 296	1 370	1 481	1 617	1 764

附表 4　中国各省份数字普惠金融指数

地区	2011 年	2015 年	2020 年
北京	79.41	276.38	417.875
天津	60.58	237.53	361.455
河北	32.42	199.53	322.697
山西	33.41	206.3	325.727
内蒙古	28.89	214.55	309.394
辽宁	43.29	226.4	326.294
吉林	24.51	208.2	308.256
黑龙江	33.58	209.93	306.075
上海	80.19	278.11	431.928
江苏	62.08	244.01	381.613
浙江	77.39	264.85	406.878
安徽	33.07	211.28	350.165
福建	61.76	245.21	380.126
江西	29.74	208.35	340.611
山东	38.55	220.66	347.806
河南	28.4	205.34	340.813
湖北	39.82	226.75	358.636
湖南	32.68	206.38	332.035
广东	69.48	240.95	379.535
广西	33.89	207.23	325.171
海南	45.56	230.33	344.049
重庆	41.89	221.84	344.764
四川	40.16	215.48	334.823
贵州	18.47	193.29	307.937
云南	24.91	203.76	318.478
西藏	16.22	186.38	310.529
陕西	40.96	216.12	342.042
甘肃	18.84	199.78	305.5
青海	18.33	195.15	298.227
宁夏	31.31	214.7	310.016
新疆	20.34	205.49	308.349

附表5 2011年—2020年中国各省市信息服务业从业人员　　　　（单位：万人）

地区	2011年	2012年	2013年	2014年	2015年	2016年	2017年	2018年	2019年	2020年
北京	90.3	91.1	91.9	92.7	93	91.7	94.2	137.7	145.6	153.5
天津	4.9	8.2	11.5	14.8	15.5	17.1	17.5	15.6	16.3	17
河北	10.4	10.6	10.8	11	11.1	12	12.6	25.8	26	26.2
山西	6.2	6.7	7.2	7.7	8.4	10.6	10.8	11.4	12	12.6
内蒙古	5.4	5.8	6.2	6.6	6.6	6.9	7	7.4	7.2	7
辽宁	15.8	16.7	17.6	18.5	19.7	19.9	20.4	23.7	24.8	25.9
吉林	9.9	9.3	8.7	8.1	8.7	9	9.5	8	8.4	8.8
黑龙江	5.9	6.6	7.3	8	8.6	9.6	10.9	11.8	12.4	13
上海	44.3	44.8	45.3	45.8	46.2	47.1	48	69.2	77.4	85.6
江苏	40.2	47.1	54	60.9	66.3	67.4	71.8	85.5	86.1	86.7
浙江	26	27.7	29.4	31.1	32.5	37.9	41.4	57.4	61.3	65.2
安徽	9.4	9.9	10.4	10.9	13.4	14.5	14.9	26.4	27.7	29
福建	12.3	13.7	15.1	16.5	20.1	21.2	22	39.6	41.2	42.8
江西	5.7	6.4	7.1	7.8	8.5	8.9	9.5	14.7	15.9	17.1
山东	27.7	27.7	27.7	27.7	30.2	31.3	33.4	48.8	48.4	48.1
河南	9.7	11.4	13.1	14.8	16.2	18.4	19.8	45.8	47.9	50
湖北	11	12.9	14.8	16.7	18.4	19	20.4	40.6	42.5	44.4
湖南	11.1	11.7	12.3	12.9	14.5	18.3	19.2	24.5	25.7	26.9
广东	59.4	64.5	69.6	74.7	80.5	89.5	95.2	155.9	167.4	178.9
广西	5.3	5.6	5.9	6.2	7.7	8.8	9.8	12.4	12.8	13.2
海南	1.4	1.8	2.2	2.6	2.8	3	3.2	4.3	4.5	4.7
重庆	7.1	9.1	11.1	13.1	13.4	14.7	15.2	20.6	21.5	22.4
四川	22.6	23	23.4	23.8	31.3	37.3	41	44.1	46.1	48.1
贵州	4.3	4.3	4.3	4.3	5.1	5.3	5.9	9.1	9.6	10.1
云南	7.5	8.1	8.7	9.3	10.1	9.3	10.7	11.4	12	12.6
西藏	0.4	0.5	0.6	0.7	0.7	0.9	1	1.4	1.5	1.6
陕西	10.3	11.7	13.1	14.5	16.1	18.1	19.1	25.3	26.1	26.9
甘肃	3.3	3.3	3.3	3.3	3.5	3.8	5	6	6.5	7
青海	1.4	1.4	1.4	1.4	1.4	1.4	1.3	1.9	2	2.1
宁夏	1.6	1.6	1.6	1.6	1.7	1.6	1.7	1.7	1.7	1.7
新疆	4.2	4	3.8	3.6	3.9	5.8	6.1	6.9	7.3	7.7